AF199945

Bibliografische Information der Deutschen Nationalbibliothek: Die Deutsche Nationalbibliothek verzeichnet diese Publikation in der Deutschen Nationalbiografie; detaillierte bibliografische Daten sind im Internet über dnb.dnb.de abrufbar.

Copyright © 2021 Volker Meyer

3.Auflage 2021

Herstellung und Verlag: BoD – Books on Demand, Norderstedt

ISBN: 978-3-7519-6746-4

Die Steinformation aus Findlingen in Woltersdorf bei Berlin

-Eine fast vergessene, bemerkenswerte Senke mit Steinreihe im Wald-

Inhaltsangabe

Einleitung

Als ich vor etwa 10 Jahren mit einer Kollegin aus Berlin, die genau wie ich zwar in unserer Geburtsstadt Berlin arbeitet aber auch längst im Land Brandenburg in einer an den Ort Woltersdorf bei Berlin angrenzenden Gemeinde lebt, in den Wäldern um Woltersdorf joggen war, haben wir gelegentlich neue Strecken ausprobiert und sind dabei mitunter auch mal auf abgelegenen Trampelpfaden ansonst eher sehr selten frequentierten Bereichen vorbeigekommen.

Wir staunten dabei nicht schlecht, als wir dabei einmal im Wald plötzlich vor einer mehrere Meter tiefen Senke standen, auf deren Grund seitlich an der Böschung befindliche, ungewöhnlich viele, sehr große Findlinge erkennbar waren.

Auf den ersten Blick konnten wir unter dem Bewuchs und dem diese Findlinge teilweise bedeckenden Boden mindestens zwei Dutzend dieser großen Steine erkennen.

Auffällig war, dass diese nicht wie zufällig dort herumliegend wirkten, sondern dass diese Findlinge aneinander aufgereiht stehend und teilweise auch etwas versetzt übereinander platziert wirkten.

Alle erkennbaren Findlinge (bei einer späteren Inaugenscheinnahme zählte ich über 25 Stück) hatten Größen, die es ganz sicher einzelnen Personen unmöglich machen diese einfach so alleine oder zu zweit ohne Hilfsmittel zu bewegen.

Mein Interesse war geweckt. Ich versuchte zu recherchieren ob es zu diesen merkwürdigen großen Steinen in einer Senke mitten im Wald, die sich allerdings ihrerseits wieder auf einer Anhöhe befindet, Beschreibungen irgendeiner Art gibt.

Ich fand weder im Internet noch in mir zugänglicher Literatur der Heimatkunde irgendwelche diesbezüglichen Beschreibungen. Eine erste schriftliche Nachfrage hierzu mit der Übersendung von ein paar Fotos und der ungefähren Beschreibung der Lage dieser Örtlichkeit ging von mir damals schon ans „Brandenburgische Landesamt für Denkmalpflege und Archäologisches Landesmuseum" nach wie ich recherchiert habe Frankfurt/Oder, die mir dafür zuständig schienen.

Ich erhielt hierzu auch Rücklauf mit der Bitte um etwas detaillierterer Angabe der genauen Lage der beschriebenen Stelle. Ich gab mein Möglichstes diese Örtlichkeit genauer zu beschreiben und bot auch an, diese wenn nötig selbst auch persönlich jemanden zu zeigen. Zu der von mir beschriebenen Stelle konnte man mir zu diesem Zeitpunkt, auf Grundlage meiner sicher sehr ungenauen Angaben, nichts weiter mitteilen und im Anschluss habe ich auch nichts mehr hierzu gehört, mich allerdings auch nicht weiter darum gekümmert. Ich war

4

mir sicher, dass es zum einen nicht interessant genug war und andererseits das Landesamt ganz sicher auch mehr als genug andere viel dringlichere Tätigkeitsfelder hatte, als meine vagen und damals sicher ungenauen Angaben sofort in den Fokus zu nehmen.

Ob tatsächlich mal jemand das vor Ort überprüft hat oder es sich um ein schon längst in Fachkreisen bekanntes oder völlig unwichtiges oder gar überhaupt gar kein altes beschreibungswürdiges Phänomen handelt, ist mir nicht bekannt.

Trotzdem habe ich vorsorglich natürlich dem „Brandenburgischen Landesamt für Denkmalpflege und Archäologisches Landesmuseum" das Manuskript dieses Buches vorab zur Kenntnis übersandt.

Dass diese Stelle allerdings zumindest einigen, wenn auch nur wenigen Einheimischen bekannt ist, bemerkte ich, weil ich dort manchmal, wenn auch selten, auch andere Leute antraf, die sich dort offenbar gerne aufhielten, so unzugänglich und abgelegen diese auch ist.

Oder vielleicht sogar gerade deswegen?
Darauf werde ich später noch eingehen.

Nachdem ich inzwischen oft und zu verschiedenen Anlässen und wenn es nur beim Joggen war, dort vorbei gekommen bin und sah, dass diese Senke und die darin befindlichen Findlingsformationen immer mehr überwachsen und teils auch von Erde bedeckt werden, habe ich mich entschlossen diese Stelle nun doch zu beschreiben und soweit überhaupt noch möglich, die wenigen restlichen noch zu erkennenden Findlingsformationen zu fotografieren, bevor dort eventuell bald nur noch sehr schwer etwas für den interessierten Laien erkennbar ist.

Um nichts zu verändern oder gar zu zerstören, habe ich weder den Bewuchs noch die in den letzten Jahren auf und an den Steinen angelagerte Erde entfernt. Mir ist klar, dass ich dort nichts zu verändern habe und deswegen sind die Fotos nicht immer optimal, aber eben das einzige Mittel die Örtlichkeit neben der Beschreibung zu erfassen ohne etwas zu verändern.

Ich persönlich glaube, dass diese Stelle, egal ob es sich um eine geologische oder eine durch Menschen erschaffene, vielleicht wirklich alte, vielleicht auch nur einige Jahrzehnte alte Örtlichkeit handelt, es alle Male Wert ist beschrieben zu werden. Denn besonders ist diese Findlingsformation auf alle Fälle für mein Dafürhalten.

Volker Meyer, Sommer 2020

Beschreibung

Bei der Steinformation aus Findlingen in Woltersdorf bei Berlin handelt es sich um eine auffällige aneinander und teilweise auch versetzt übereinander aufgereihte Findlingsformation in einer mehrere Meter tiefen Senke, auf halber Höhe einer Anhöhe.

Ich zählte vor 10 Jahren mehr als 25 gut erkennbare sehr große Findlinge, die inzwischen aber stark überwachsen und mit Boden bedeckt sind, so dass nicht alle überhaupt noch und einige leider nur noch teilweise gut erkennbar sind.

Diese Findlinge liegen niemals allein, sondern immer beisammen und ergeben, wenn auch inzwischen nicht mehr alle gut erkennbar sind, eine L-förmige Linie. Inwieweit diese Steinlinie in der Anhöhe weiterverläuft oder von Boden bereits überdeckt wurde ist mir nicht bekannt.

Die Steinformation ist weder an einer Nord-Südachse noch an einer Ost-Westachse ausgerichtet.

Die momentan noch erkennbaren Findlinge beschreiben eine nordnord-westliche Linie, die am nordwestlichen Ende mit einigen Findlingen nach Westen weist, beziehungsweise fast abknickt.

Die Senke selbst ist an der südlichen Seite sicher zwischen 5-6 Meter tief und an der nördlichen Seite zwischen 2-3 Meter tief. Auf dem Grund der Senke stehend kann an keiner Stelle aus der Senke heraus gesehen werden.

Es handelt sich bei den Findlingen um immerhin derart große Steine, dass diese von ein bis zwei Personen sicher nicht ohne Hilfsmittel irgendwie bewegt werden könnten.

Die Findlinge selbst bestehen eindeutig aus Eiszeitgeschiebe, welches während der letzten Eiszeit aus dem skandinavischen Großraum von den Gletschern in Norddeutschland und damit auch im Land Brandenburg abgelagert wurden.

Überwiegend handelt es sich um rötlichen Granit, es sind aber auch einige andersfarbige gräuliche Steine darunter.

Kein einziger der Steine besteht aus dem nur ganz wenige Kilometer weiter nördlich vorkommenden, anstehendem Rüdersdorfer Kalkgestein.

Ein Findling am süd/süd-östlichen noch sichtbaren Bereich der Steinformation hat eine auffällige, schüsselförmige Vertiefung auf der Oberseite, die mehrere Zentimeter tief ist und in der bei starkem Regen Wasser stehen bleibt.

Zu dieser Senke mit der Steinformation führen lediglich Trampelpfade, es gibt keine erschlossenen Waldwege dort hin.

Direkt im Anschluss östlich an diese Senke, fast ineinander übergehend, befindet sich eine zweite, ähnliche Senke, in der sind allerdings weder jetzt, noch waren dort vor 10 Jahren Findlinge erkennbar.

Die eingemessenen Koordinaten des genauen Standortes, das heißt die Position der Senke mit den Findlingsformationen steht unter dem Kapitel:

„Eingemessene Koordinaten der genauen Lage der Findlingsformation."

Sie liegt in einem bewirtschafteten Buchen und Eichenmischwald und ist sicher forstwirtschaftlich schon mehrfach bearbeitet worden.

Außerdem ist die Stelle einigen Einheimischen auch bekannt und wird gelegentlich und seit langer Zeit von diesen immer wieder mal aufgesucht.
Ich gehe davon aus, dass hier ganz sicher keine materiellen Werte irgendeiner Art (mehr) zu finden sind und nur deswegen gebe ich die Lage hier auch an.
Zumal die Stelle ja wie vorab bereits beschrieben wurde ohnehin bekannt ist, wenn auch nicht großartig über die Grenzen Woltersdorfs und der umliegenden Ortschaften hinaus.

Bilder

Hier folgen nun einige Bilder der Steinformationen, jeweils aus unterschiedlichen Blickwinkeln und Positionen heraus.

Da wir für die Aufnahmen ausdrücklich darauf verzichtet haben irgendetwas freizulegen, sind oft nur Teile der Steinformationen oder der einzelnen Steine zu sehen, manche Steine sind bereits fast vollständig zugewachsen oder verschüttet, so dass diese kaum noch überhaupt erkennbar sind. Auch diese haben wir wie alles andere auch unverändert gelassen, so dass die Bilder eine tatsächliche Momentaufnahme des dort bestehenden Zustands sind, genauso wie diese Stelle also allmählich seit Jahren zuwächst und langsam verschüttet wird.

Dies ist auch einer der Gründe weshalb es nötig erschien, diese Örtlichkeit jetzt zu beschreiben, solange dies überhaupt noch möglich ist.

Blickrichtung Nordwest zum nordwestlichen Ende der Findlingsstruktur, aus der Senke heraus fotografiert.

Insgesamt etwa 14 Steine zum Teil parallel angeordnet, oben nach Westen in die Anhöhe abknickend.

Ebenfalls Blickrichtung Nordwest zum dortigen noch sichtbaren Formationsende aus einer etwas höheren Position in der Senke heraus aufgenommen. Der untere Bildbereich im folgenden Bild als Ausschnitt.

Blickrichtung aus der Senke heraus in Richtung Nordwest, etwas mehr nach Norden orientiert. Gut erkennbar die unteren 4 Steine des vorherigen Bildes und Fortsetzung nach links oben mit weiteren Steinen, wovon einer (der Stein ganz oben links auf diesem Bild) aus der Perspektive des vorhergehenden Bildes wegen des Bewuchses gar nicht richtig zu sehen war.

Über die beiden rechten Steine führt ein Trampelpfad quer durch die Senke.

Erneut Blick zum Nordwestende hin aus der Senke
heraus aber mit größerer Perspektive. Ganz unten rechts
unter den vier Steinen ein bereits fast völlig
verschütteter Stein, der die Reihe nach unten in die
Senke fortsetzt.
Der Zollstock ist auf 1 Meter ausgeklappt zum
Größenvergleich.

Gleiche Teilformation aus Blickrichtung Nordwest aus der Senke heraus fotografiert etwas weiter nach Norden blickend.

Am unteren Bildrand rechts hier erkennbar unter dem schon fast verschütteten Findling ein weiterer schon stark verschütteter Findling, der allerdings noch gut erkennbar ist und die Reihe ebenfalls weiter nach unten in die Senke fortsetzt, also in südöstlicher Richtung anschließt.

Hier der Übergang von der mittleren Vierergruppe zur
Fortsetzung der Steinreihe hin zum südöstlichen Teil der
Steinreihe, die später im noch sichtbaren nicht
verschütteten und nicht bewachsenen
Steinreihenbereich mit dem Schalenstein endet.

Im Bild mittig ein fast völlig überwachsener Stein,
darunter fast komplett überwachsen und verschüttet 2
weitere Steine, einer im hellen Bereich fast völlig
verschüttet.

Wie das vorhergehende Bild, aber aus anderer
Perspektive, der Anschluss an die mittlere Viewergruppe
mit einem gerade noch erkennbaren 5.Stein rechts
anschließend und darunter gerade noch zu erahnen und
schwer erkennbar ein weiterer fast völlig verschütteter
Stein. Hier ist gut der Anschluss erkennbar zur unten
rechts erkennbaren Anschlusssteinreihe zum
südöstlichen Ende mit dem Schalenstein, die auf den
nächsten Bildern abgebildet ist.

Hier gut sichtbar die Fortsetzung der Reihe zum südöstlichen noch erkennbaren Ende der Steinformation.

In Blickrichtung Norden fotografiert.

Der Findling links ist der Stein, der auf dem vorhergehenden Bild ganz unten rechts erkennbar war.

Der Zollstock ist wieder auf 1 Meter eingestellt.

Rechts außen ist hier ein Findling mit einer gut erkennbaren, schüsselförmigen, mehrere Zentimeter tiefen Einbuchtung erkennbar. In dieser bleibt bei stärkerem Regen Wasser stehen.

Zollstock wieder auf 1 Meter ausgeklappt zum Vergleich.

Hier ist der ganz rechte Stein in größerer Perspektive in Blickrichtung Nord, am südöstlichen Ende der Steinreihe erkennbar, bevor der sichtbare Bereich der Steinreihe eventuell im Erdreich des Senkenrand verschwindet.

Ob es sich dabei um einen Näpfchenstein/Schalenstein handeln könnte, der in einigen Gegenden auch als Feenstein bezeichnet wird, an denen früher heidnische Trankopfer erfolgt sein sollen oder um eine geologische Zufallsausformung, überlasse ich der Fantasie des Betrachters.

Ich möchte mir da kein Urteil erlauben.

Hier noch mal der vermeintliche „Schalenstein" oder „Näpfchenstein" in größerem Format. Der Stein selbst misst circa 55 cm.

Die schüsselförmige Vertiefung ist ausgesprochen gut erkennbar.

Südostende der Steinformation (ganz rechts schwer erkennbar der „Näpfchenstein" fast verdeckt) im Verhältnis zu der links anschließenden Vierergruppe mit Fortsetzung nach oben.

Hier nochmal die Vierergruppe in Nahaufnahme, über deren rechte Seite der Trampelfahrt nach oben zum nordwestlichen Ende der Steinformation geht.

Trampelpfad nach oben Richtung Nordwesten.

Trampelpfad aus Senke heraus nach oben Richtung nordwestliches Ende der Steinformation am oberen Senkenrand.

In Blickrichtung Nordwest aus dem Senkengrund fotografiert.

Nordwestende der Steinreihe am oberen Senkenrand.

Vorherige Seite: Findlingsansammlung unmittelbar vor Nordwestende der Steinformation.

Anschlussstein unter dem nordwestlichen Findlingshaufen, nach unten in die Senke. Allerdings aus Blickrichtung nach Nordwest nach oben fotografiert.

Blick von derselben Stelle wie im vorherigen Bild in die entgegengesetzte Richtung, in die Senke runter blickend, in südliche Richtung.

Hier sind auch einige kleinere Steine zu sehen, die wegen des Bewuchses von unten aus der Senke sonst nicht zu sehen sind hinter dem vorderen großen flachen Stein aus dieser Perspektive.

Blick in die Senke in südliche Richtung.

Der Trampelpfad durchquert die Senke hier in Richtung südlichem Senkenrand.

Blick zum südlichen Senkenrand von der nördlichen Seite
der Senke aufgenommen.
An diesem zu sehenden südlichen Senkenrand ist die
Senke am tiefsten, die gegenüberliegende nördliche
Seite ist nicht ganz so hoch bis zum Senkenrand, da die
ganze Senke komplett auf einem Teil einer Anhöhe liegt,
die dort zur nördlichen Seite der Senke hin abschüssig
ist.

Nachfolgende 7 Bilder, freundlicherweise nach Ortsbesichtigung von Rudolf Färber aus Bottrop zur Verfügung gestellt, zeigen noch mal die einzelnen drei Bereiche der Steinreihen unterteilt in oberem Teil am nordwestlichen Senkenrand, mittlerer Teil auf etwa halber Höhe der Senke beginnend und unterer Teil der Steinreihe zum südöstlichen Ende am Senkengrund mit dem Schalenstein.

Damit sollen noch mal perspektivisch auch die Übergänge der drei Formationen oben, mittig und unten etwas verständlicher aufgezeigt werden, denn sie gehen nahtlos ineinander über, was zuvor in den einzelnen Details nicht immer so eindeutig erscheinen mag.

Alleroberster Teil des Oberteils zum Senkenrand hin
abgebildet. Ganz oben erkennbar gehen die Steine auf
dem Senkenrand in die Böschung über. Möglicherweise
geht die Steinreihe nach südwestlicher Richtung
abknickend in der Böschung unter dem Erdreich weiter,
was allerdings rein spekulativ ist, da dies ohne zu graben
für mich nicht feststellbar war und ich nicht die kleinste
Kleinigkeit verändern wollte und dies auch nicht gedurft
hätte.

(Dieses Bild, sowie die nachfolgenden 6 Bilder mit freundlicher Genehmigung von
Rudolf Färber, Bottrop)

Beide Bilder: oberer Teil aus verschiedenen Perspektiven

Oberteil (o.), Übergang unterer Mittelteil/Unterreihe (u.)

untere Reihe (o.), Schalenstein Ende unterer Reihe (u.)

Inaugenscheinnahme eines Bauingenieurs

Nachfolgende Beschreibung von der Senke und des sich darin befindlichen Findlingsgesteins in Woltersdorf bei Berlin beruht auf dem ersten Eindruck des Bauingenieurs i.R. Ernst Zienow aus Erkner.

Dieser hat die Örtlichkeit am 05.07.2020 persönlich zusammen mit dem Autor bei einem Ortstermin aufgesucht.

Ing. (Bau) Ernst Zienow war diese Stelle bisher nicht bekannt.

Er kann sich nicht daran erinnern je davon gehört zu haben, dass an dieser Stelle Erdarbeiten stattgefunden haben oder etwas gebaut worden ist.

Solch eine Senke mit derart darin befindlichen Findlingssteinen hat er während seiner beruflichen Tätigkeit als Bauingenieur, seiner Erinnerung nach, in dieser Art so nicht erlebt.

Eine ähnliche Stelle dieser Art, in der näheren Umgebung von Woltersdorf bei Berlin, ist ihm auch nicht bekannt.

Aufgefallen ist ihm neben der aneinander liegenden Lage dieser Steine, dass es fast durchwegs eher große Findlinge ab einer bestimmten Größe sind, kleinere von dieser Größe wesentlich abweichende Steine sind nicht darunter erkennbar oder dazwischen liegend wahrnehmbar, zumindest im momentanen Zustand dieser Örtlichkeit.

Das erscheint ihm eher ungewöhnlich.

Er würde sicher ausschließen wollen, dass es sich um Fundamente oder Fundamentreste eines herkömmlichen Gebäudes handelt.

Ebenfalls hält er es für eher unwahrscheinlich, dass an dieser Stelle Kies, Sand oder Lehm abgebaut worden sein könnte. Dazu wäre das umliegende Gelände viel zu uneben und unzugänglich gewesen, als dass hier mit einfachen Mitteln, mit einem vertretbaren Arbeitsaufwand für Eigenbedarf oder kleinere Vorhaben etwas weggebracht oder anderswohin transportiert worden sein könnte.

Er vermutet auch eher, dass die Steine nicht von oben in die Senke gekippt worden sind, die Lage der Steine spräche nicht unbedingt dafür.
Es erschließt sich ihm auch nicht weshalb überhaupt an dieser unzugänglichen, unebenen Stelle jemand große Findlinge in eine Senke gekippt haben sollte um sich derer zu entledigen.

Ob es sich um eine natürliche, vielleicht eiszeitliche Ablagerung handelt kann er weder ausschließen noch als wahrscheinlich belegen.

Ebenso kann er weder ausschließen, dass diese Steine dort irgendwann von jemanden platziert worden sind, noch kann er dies als wahrscheinlich behaupten.

Zu beiden letztgenannten Möglichkeiten kann er sich nicht festlegen, denkbar wäre für ihn, rein spekulativ, beides, ohne eine Möglichkeit als die Wahrscheinlichere zu favorisieren.

Eine Festlegung auf eine mögliche Entstehung ist ihm daher nicht möglich.

Eine ungewöhnliche und interessante Stelle ist diese abflusslose Senke, mit den auffällig vielen darin befindlichen großen Findlingen aus granitartigem Gestein, auf alle Fälle.

(Mit freundlicher Genehmigung nach Freigabe durch Ing. (Bau) Ernst Zienow, Erkner 2020)

Eingemessene Koordinaten der genauen Lage der Findlingsformation

Die eingemessenen Koordinaten des genauen Standortes, das heißt die Position der Senke mit den Findlingsformationen lautet wie folgt:

52° 26′ 33′′ N zu 13° 46′ 15′′ O

Die offene Frage des Alters

Zunächst einmal sollen hier die feststehenden Fakten zu einer wenigstens teilweisen Altersbestimmung der Findlingsformation behandelt werden.

Auf den Bildern der Seiten 11-27 dieses Buches, ganz besonders auf den Bildern der Seiten 13-18 und 25-26 ist sehr gut erkennbar, dass die Findlinge inzwischen schon stark bewachsen sind, sowohl mit Moos als auch mit anderen Pflanzen vor und zwischen den Steinen.

Außerdem ist besonders gut auf den Bildern der Seiten 14 und 15 gut zu erkennen, dass unter den gut erkennbaren Steinen der deutlichen Vierergruppe etwas unterhalb davon schon mindestens ein Stein stark von Erdreich verschüttet ist. Dieser Stein ist gerade noch so erkennbar und wird in absehbarer Zeit sicher fast gar nicht mehr erkennbar oder total überwachsen sein.

Das sagt mir zwei Sachen.

Zum einen müssen die Steine schon einige Zeit freistehen, damit sie überhaupt von Moos und anderen Pflanzen überwachsen worden sein können. Sie können also nicht erst seit ganz kurzer Zeit, innerhalb weniger zurückliegender Jahre in dieser Senke freigelegt worden sein, durch was auch immer (Erosion oder menschliches Schaffen).

Zum anderen ist der Grad des Verschüttet seins einiger Steine (Bild 14 und 15) und des Freiliegens anderer Steine auf denselben Bildern auffällig.

Entweder wurden also die bereits deutlich erkennbaren, relativ frei liegenden Steine schon eine eher längere Zeit lang durch Erosion vom Senkenrand langsam freigelegt oder die bereits fast völlig verschütteten Steine wurden durch ebensolche Erosion seit längerer Zeit langsam vom Senkenrand zugeschüttet.

Beide Ergebnisse, egal wodurch die Steine dort überhaupt hingekommen sind, also durch eventuelle natürliche, geologische Vorgänge durch Eiszeitgeschiebe oder durch Anhäufung oder Ablage durch menschliches Zutun, benötigen jeweils auch eine längere Zeit um den momentanen Zustand des Jahres 2020 zu erreichen.

Kurz, die Findlinge liegen nicht erst seit wenigen Jahren dort an dieser Stelle in der Senke.

Folgendes ist ebenfalls als Fakt bekannt. Die Steine waren auch schon seit mindestens 10 Jahren an dieser Stelle, denn zu diesem Zeitpunkt habe ich sie zum ersten male dort gesehen. Auch damals um das Jahr 2010 herum waren sie schon stark bewachsen und zum Teil mit Erdreich bedeckt, allerdings noch nicht so stark wie jetzt im Jahre 2020. Daraus folgere ich, dass die Steine in den letzten 10 Jahren eher mehr überwachsen und verschüttet wurden als dass sie etwa freigelegt wurden. Das hieße dann die ursprünglich eher wesentlich freier liegenden Steine wurden zumindest im letzten Jahrzehnt erkennbar eher zugeschüttet und überwachsen, als dass sie freigelegt wurden durch Erosion.

Mit anderen Worten, die Steine sind in der jüngeren Vergangenheit freistehender gewesen. Da sie auch vor 10 Jahren schon bewachsen gewesen sind, wenn auch weniger stark und dabei auch trotzdem schon überschüttet waren, müssen sie vor 10 Jahren auch schon sicher längere Zeit dort freiliegend gestanden haben.
Der jetzige Zustand dürfte also schon mehrere Jahrzehnte bestand haben mit erkennbaren, freiliegenden Findlingsformationen.
Ein weiterer Fakt spricht für einen seit vielen Jahrzehnten dort relativ unveränderten Zustand (von Erosionsverschüttung abgesehen).

Ältere Einheimische, die ab den 1935 er Jahren geboren wurden und vom Autor befragt wurden, konnten sich zwar erinnern, dass in der Nähe der beschriebenen Formationen um den Gipfel des Kranichberges (ca. 106 Meter hoch), um den dortigen, damaligen Aussichtsturm herum im Frühjahr 1945 deutsche Stellungen der sich zurückziehenden Wehrmacht befindlich gewesen sein sollen, die sich mehrere Hundert Meter von der hier beschriebenen Senke mit der Findlingsformation befunden haben und teilweise heute noch um den kleinen Berggipfel herum erkennbar sind (Vertiefungen einstiger Stellungs- und Schutzgräben). Ihnen allerdings seit dem, außer dem späteren Neubau des im Zuge von Kriegshandlungen noch 1945 zerstörten Kranichbergturms, nach 1945 keine nennenswerten baulichen Maßnahmen in dieser Gegend mehr, insbesondere im Bereich um die Senke herum, bekannt waren. Einer dieser befragten Einheimischen der entsprechenden Altersstufe, Dipl. Ing. i.R. (Tiefbau) Herbert Meyer heute Berlin-Hohengatow, damals im unmittelbar angrenzenden Rüdersdorf bei Berlin nur etwa 3500 Meter von der Senke entfernt wohnend, erinnert sich noch gut an die letzten Kampfhandlungen zwischen der zurückweichenden deutschen Wehrmacht und der vorrückenden sowjetischen Roten Armee und den Kämpfen in den Ortschaften und in den Wäldern drumherum, kann sich aber nicht an irgendwelche baulichen Veränderungen am direkten Ort dieser Senke erinnern.

Gleiche Erinnerung hat der ebenfalls dort einheimische Bauingenieur i.R. Ernst Zienow, ununterbrochen heute wie damals im unmittelbar an Woltersdorf bei Berlin angrenzenden Erkner wohnend, berichtet.

Dies könnte nahelegen, dass die beschriebene Senke mit der Findlingsformation zum jetzigen Zeitpunkt im Jahr 2020 relativ unverändert, schon seit mindestens etwas über 75 Jahren dort befindlich sein könnte.

Dafür spräche auch der Baumbestand des Waldes unmittelbar um die Senke herum, der sicher auch schon sehr viele Jahrzehnte alt ist.

Bis zu dieser Zeit vor etwa 75 Jahren sind also heute noch einheimische Zeitzeugen vorhanden, sowie Umstände von Bewuchs oder Verschüttung bzw. Freilegung der Findlingsformation relativ leicht nachvollziehbar zu deuten.

Wobei eingeräumt werden muss, dass auch Zeitzeugen nicht unbedingt alle Ereignisse in ihrem unmittelbaren Lebensumfeld bemerkt haben müssen oder nach so langer Zeit noch völlig exakt im Gedächtnis haben müssen.

Hier sind diese Erinnerungen lediglich ein Indiz, dass zusammen mit den bekannten Fakten wie Bewuchs, Verschüttung usw. zu einer Annahme führen können.

Diese Annahme wäre in diesem Falle, die Findlinge in der Senke liegen relativ unverändert, ganz sicher seit wenigen Jahrzehnten (etwa 20 Jahre) unverändert dort.

Weiter ist es möglich, dass sie mit einer relativ hohen Wahrscheinlichkeit schon seit etwa 75 Jahren dort relativ unverändert liegen könnten.

Darüber hinaus begebe ich mich mit meinem Kenntnis– und Wissensstand für den Zeitraum, der mehr als 75 Jahre vor heute (2020) zurückliegt, in den Bereich von

Spekulation und möchte dies an dieser Stelle ganz deutlich anmerken.

Aus diesem Grund bezeichne ich die nachfolgenden Gedanken im nächsten Kapitel auch ausdrücklich nur als einige vorsichtige Theorien.
Dies wohlgemerkt ausdrücklich auch nur als meine vorsichtigen Theorien zum Thema, ohne Anspruch auf Vollständigkeit oder absoluter Richtigkeit.

Ich bitte den geneigten Leser dies stets beim Lesen zu berücksichtigen und Nachsicht mit meinen Gedankengängen walten zu lassen.

Einige vorsichtige Theorien

1.Natürliche geologische Entstehung

Die erste und einfachste Spekulation geht ganz einfach davon aus, dass diese Senke mit den Findlingsformationen eine natürliche geologische Formation ist. Die Findlinge wären dann von den Gletschern der letzten Eiszeit vor mindestens 10 000 Jahren als Geschiebe aus Richtung Skandinavien vom Norden in den Süden bis zur heutigen Lage transportiert worden und blieben am heutigen Standpunkt von Natur aus liegen.

Zu einem späteren Zeitpunkt oder gleichzeitig zum Beispiel als ausgeschmolzener Toteisblock entstand dann ebenfalls durch natürlichen geologischen Ablauf heraus die beschriebene Senke mit der darin befindlichen Findlingsformation.

Diese Spekulation kann auch noch erweitert werden um die Annahme, dass die Findlinge zwar dort durch geologische Prozesse abgelagert wurden wie oben beschrieben, die Senke aber erst später aus unbekannten geologischen Gründen entstand.

Ebenso kann sie um die Annahme erweitert werden, die Steine wären dort natürlich abgelagert worden, die Senke sei aber erst viel später durch menschliche

Bearbeitung entstanden, weil dort nach etwas gegraben wurde, bevorzugt nach Rohstoffen.

In dieser Gegend sind überall Feuersteinvorkommen, die bis über die jüngere Steinzeit hinaus als Rohstoff zur Werkzeugherstellung Verwendung fanden, vorhanden.

(Feuerstein aus der Gegend um Woltersdorf bei Berlin)

Ebenfalls wurde im weiten Umfeld in dieser Gegend auch Ton/Lehm zum Töpfern gewonnen, genauso wie Sand und Kies in kleinen alten Gruben früher zum eigenen Bedarf gewonnen wurde.

Die Senke könnte also von Menschen angelegt worden sein und dabei hätte die natürliche Formation der

Findlingsformation unbeabsichtigt freigelegt worden sein können.

Inwieweit man dieser Spekulation folgen möchte sei dahingestellt. Es bleibt allerdings die Frage offen ob sich große Findlingsblöcke in langen Reihen, in Senken die sich auf Anhöhen befinden, in derartig großer Anzahl, tatsächlich auf natürliche Art und Weise derart abgelagert haben könnten und inwieweit dies wahrscheinlich erscheint.

2.Steinablage zur Verwendung als Baustoff

Bis ins vorletzte Jahrhundert hinein wurden Findlinge, da diese meist aus Granit oder ähnlichem Hartgestein bestehen, als Baumaterial nicht nur für Straßen- und Wegepflasterung, sondern auch gerne für äußerst stabile und wasserabweisende Fundamentmauern verwendet.

Oft sind auch ganze Gehöfte komplett aus Findlingen erbaut worden.

Hierzu wurden Findlinge nicht nur auf Feldern aufgesammelt, sondern auch überall dort wo sie sonst vorkommen zusammengetragen und oft auch schon dort vor Ort bearbeitet und gespalten worden.

Auch für den Bau von Kirchen wurden gerne diese Findlinge benutzt und vorher zusammengetragen.

Wenn Bauwerke fertig errichtet worden waren und Steine übrig waren, sind diese Steinhaufen dann gelegentlich einfach an Ort und Stelle liegen geblieben um eventuell später für andere Vorhaben genutzt zu werden. Manchmal wurden diese Steinhaufen dann auch gar nicht mehr gebraucht oder vergessen und blieben einfach liegen.

Dies wäre auch, zumindest für Teile der beisammen liegenden Findlinge, bei der beschriebenen „Woltersdorfer Steinstruktur" denkbar, würde aber nicht unbedingt die in Reihen fortgeführte und teilweise verschütteten Steinteile der Findlingsstruktur zufriedenstellend erklären.

Auch würde es wenig Sinn machen große Findlinge in einer Senke zu horten, da diese ja sehr schwer wegen des immensen Gewichtes und der unzugänglichen Lage in einer Grube oder tiefen Senke aus dieser wieder herauszubekommen wären.

Allerdings wurden früher auch bedenkenlos alte Steinsetzungen aus vorangegangenen Zeiten als Rohstofflager zur Gewinnung von Bausteinen genutzt. Wäre also eine alte Steinsetzung in dieser Senke gewesen, hätte es sein können, dass diese zur Gewinnung von Baumaterial genutzt wurde, deshalb auch am Rand der Senke ein kleiner Haufen von Findlingen liegt und die noch in die Senke hinunterreichende Steinstruktur der Rest der damals noch nicht zur neuen Verwendung geborgenen Findlinge sein könnte.

Ähnliches wäre auch denkbar, wenn es sich bei dieser Findlingsstruktur um ein natürliches, geologisches Phänomen handeln würde, denn auch dieses hätte leicht zum Ziel für die Gewinnung von geeignetem, hochwertigem Baumaterial werden können.

Alles in allem überzeugt mich diese Spekulation zumindest für die in der Senke befindlichen Teile der Steinstruktur nicht wirklich, zumal ja auch immer noch der abgebildete Stein mit dem auffälligen Näpfchen am Südostende der Steinstruktur ganz unten in der Senke sehr auffällig für eine andere ursprüngliche Verwendung sprechen könnte.

Aber auch wenn eventuell Steine aus dieser Struktur in früheren Zeiten, zumindest teilweise geborgen und anderweitig verbaut oder „zwischengelagert" worden sein sollten, brauchen wir uns heutzutage darüber nicht wirklich aufregen, denn auch heute noch werden echte, alte und einmalige Steinsetzungen aus vergangenen Jahrtausenden in Brandenburg, wie auch in anderen Teilen Deutschlands, bedenkenlos neuen Bauvorhaben geopfert und an Ort und Stelle vernichtet. Natürlich nicht ohne diese vorher archäologisch zu untersuchen und auszuwerten. Ich erinnere in diesem Zusammenhang an die dem Autobahnbau, genauer dem Bau der zur Autobahn gehörenden

Wasserableitungssystemen und deren Sammelbecken in der Uckermark, ab dem Jahr 2015, zum Opfer gefallenen umfangreichen und einmaligen Steinsetzungen. Das waren immerhin unter anderem einzigartige Steinkreise und Urnenfelder auf insgesamt etwa 7000 Quadratmetern Grabungsfläche an dem Neubau der A 11, etwa 80 Kilometer nordöstlich von Berlin, in der Nähe von Schmölln im Randowtal.

Diese Stätten, die der Jasdorf-Kultur zugeordnet wurden, sind nach Bergung der wichtigsten Funde und dem Wiederaufbau kleinerer Teile davon an einem anderen Ort, direkt am Fundort an der A 11 den Baumaßnahmen unwiederbringlich im Original zum Opfer gefallen.

Wir sind heute also nicht besser oder wesentlich weiser im Umgang mit solchen alten Stätten und Steinsetzungen, als die Menschen vergangener Zeiten, die alte Steinsetzungen ebenso ihren jeweiligen Baumaßnahmen zuliebe zerstört haben wie es auch heute noch geschieht.

(Genau deswegen war es mir auch ein Anliegen die hier zugrundeliegende Steinstruktur in Woltersdorf zu beschreiben, was auch immer diese darstellen könnte, bevor auch diese vielleicht irgendwann verschwunden oder unzugänglich geworden ist.)

3.Abraumkippe

Denkbar wäre auch, dass es sich bei der Senke um eine als Kippe benutzte Grube handelt, in der landwirtschaftliche Betriebe oder Bauherren die auf den Feldern oder in Baugruben gefundenen Findlinge abgelagert haben und sich so in dieser Senke eine große Anzahl an Findlingen angesammelt haben könnte.

Dagegen spräche allerdings, dass Findlinge am ehesten an Feldrändern abgelagert werden oder auch in eigene Baumaßnahmen mit einbezogen werden. Auch heute werden gefundene Findlinge auf Baustellen kleinerer Bauvorhaben, wenn sie denn nicht als Ziersteine im Vorgarten der Bauherren landen, gerne auch wieder eingebuddelt oder gar in den Betonfundamenten mit eingebaut.

Außerdem erklärt sich so auch nicht die Lage der Steinformation als Reihe von oben nach unten in die Senke, abgeladene Findlinge würden wohl eher ungeordnet auf den tiefsten Grund der Senke gerollt und liegengeblieben sein.

Ganz davon abgesehen, dass dieses Waldgebiet um die Senke herum keine direkte Zuwegung zu dieser hat, welche schweren Fahrzeugen eine Zufahrt zur Senke problemlos ermöglichen würde und sich auch nicht der sonstige Unrat in dieser Senke befindet, der üblicherweise in solchen „wilden" Waldablagen auch immer zusätzlich zu finden ist.

Ich halte diese Spekulation für die eher unwahrscheinlichste Möglichkeit.

4.Echte alte Steinsetzung

Diese Spekulation möchte ich ganz besonders deutlich als Spekulation hervorheben. Es gibt sicher viele Fachleute die hierzu eine fachliche Ausbildung und einen Bildungs-und-Kenntnisstand haben, der es ihnen ermöglichen würde sich hierzu viel fundierter zu äußern. Bisher hat dies meinem Kenntnisstand nach nur noch niemand getan, so dass es vielleicht ein ganz kleiner Beitrag dazu sein könnte, durch dieses Buch jemanden mit dem nötigen Hintergrundwissen vielleicht irgendwann einmal zu ermöglichen sich dazu zu äußern, selbst wenn diese Steinsetzung dann vielleicht gar nicht mehr so ohne weiteres erkennbar sein sollte wegen Bewuchses oder Abdeckung mit Laub oder Erde.

Alleine die Lage der Senke auf dem ansteigenden Bereich eines größeren Hügels erscheint mir schon recht eigenartig und nicht unbedingt geologisch erklärbar, es sei denn man ginge von einem später abgetauten Toteisblock der Eiszeit aus, was nicht völlig ausgeschlossen werden kann, wenn man nur für die eigentliche Senke eine natürliche Erklärung suchen würde.

Hier kommt nun aber die ziemlich in Linie angeordnete Findlingsstruktur in diese Senke hinab dazu, die als solche auch nicht unbedingt auf eine geologische Formation weisen muss. Es erschiene mir sehr fragwürdig, ob in oder an der Böschung einer natürlich entstandenen Senke zufälligerweise auch noch die vor 10 Jahren noch besser zu erkennenden, damals mindestens 25 Findlingssteine, in einer Reihe ausgerichtet vom Senkenrand bis zum Grund der Senke natürlich abgelagert worden sein könnten.

Ich würde zumindest nicht ausschließen wollen, dass diese Steine vor sehr langer Zeit, von den einstigen Bewohnern dieser Landschaft, zu irgendeinem Zweck dort platziert worden sind, vielleicht in einer natürlichen, vielleicht aber auch in einer von ihnen künstlich angelegten Senke.

Insbesondere der am Grund der Senke ganz untenliegende Findling am südöstlichen Ende der Steinreihe mit der schüsselförmigen Vertiefung erscheint mir derart auffällig, dass zumindest die Spekulation erlaubt sein dürfte, dass dieser Stein vor sehr langer Zeit, entweder bearbeitet wurde um diese schüsselförmige Vertiefung zu bekommen oder zumindest gezielt ausgesucht und mit der auffälligen schüsselförmigen Vertiefung exakt nach oben abgelegt wurde. Ganz vorsichtig spekuliert könnte es sich um einen Schalenstein/Opferstein handeln in dessen schüsselförmiger Vertiefung vielleicht Flüssigkeiten wie

Milch, vergorene Getränke oder andere Flüssigkeiten als Opfer geschüttet wurden. Vielleicht für verstorbene Ahnen oder mythologische Wesen der damals noch vorherrschenden regionalen, vorchristlichen Mythologie.

Denn dass diese Region auch schon lange besiedelt war, bevor die Bewohner dieser Gegend christianisiert wurden oder bereits christliche neue Bevölkerungsgruppen dazu gezogen sind, ist hinreichend bekannt. Sowohl in Woltersdorf bei Berlin als auch im angrenzenden Rüdersdorf bei Berlin wurden zuhauf Keramikscherben gefunden, die auf eine Besiedlung dieses Gebietes von der Bronzezeit über die Eisenzeit und die Besiedlung der dort ursprünglich wohnenden germanischen Kulturgruppen während der römischen Kaiserzeit hinaus bis zur ebenfalls noch vorchristlichen, darauffolgenden slawischen Siedlungs- und Kulturgruppe der slawischen Bewohner dieser Gegend deuten. Letztere wurde dann erst im Mittelalter, ganz grob zwischen 1100 n.Chr. und 1200 n.Chr. unserer Zeitrechnung, durch den Zuzug deutscher Siedlergruppen allmählich kulturell und religiös assimiliert. Ab diesem Zeitpunkt ist dann nicht mehr mit kultischen Steinsetzungen sei es als Grabstätten oder vorchristliche mythologische Stätten zu rechnen, denn ab da waren die dortigen Einwohner christlich, zumindest nominell und orientierten sich mythologisch und auch zu Bestattungszwecken an anderen Orten, bevorzugt an, in und um Kirchen herum.

Sicher hatten die vielen vorchristlichen Bewohner der unterschiedlichsten Kultur-und-Sprachgruppen dieser Gegend auch Kultplätze. Ob nun diese Findlingssetzung in der Senke in Woltersdorf bei Berlin dazuzählen könnte und ein Relikt aus dieser Zeit wäre, kann ich nicht mit Sicherheit annehmen, der Gedanke daran würde mir allerdings sehr gefallen und ausschließen kann ich persönlich dies ganz sicher nicht, dazu fehlt mir die nötige fachliche Ausbildung um hier eine diese Spekulation betreffende fundierte, abschließende Aussage überhaupt treffen zu können.

Dass in dieser Gegend in vorchristlicher Zeit nicht nur gesiedelt wurde, sondern auch Rohstoffe abgebaut und genutzt und weiterverhandelt wurden, ergibt sich nicht nur aus den örtlichen Siedlungsfunden, sondern auch aus einem im Museumspark in Rüdersdorf bei Berlin ausgestellten, rekonstruierten, über 2000 Jahre alten und zu besichtigenden, in den Boden eingelassenen, Kalkbrennofen, der im nahen angrenzendem Stadtgebiet in Berlin gefunden wurde und offensichtlich mit Rüdersdorfer Kalkstein bestückt war, der in dieser Gegend eben ausschließlich aus dem nahen Kalksteinvorkommen in Rüdersdorf bei Berlin stammen kann.
Dieses Kalksteinvorkommen befindet sich nur etwa 4-5 Kilometer von der Senke mit der Findlingsformation in Woltersdorf bei Berlin entfernt.

Da dieser Kalkbrennofen eindeutig datiert wurde und aus der germanischen Siedlungsphase dieser Gegend stammt, ist er ein weiterer schöner Beweis für die uralte vorchristliche Siedlungstätigkeit und auch für die seinerzeitig Rohstoffnutzungstradition dieser Gegend.

Hierzu mehr in einem der folgenden Kapitel.

Heutige Nutzungen

Nachdem ich vor etwa 10 Jahren diese Senke mit den vielen Findlingen zufällig, wie bereits vorab erwähnt, zusammen mit einer Kollegin beim Joggen im Wald gefunden hatte, zog es mich immer wieder mal dorthin, weil ich diesen Ort faszinierend fand.

Obwohl diese Senke und die Steinformation nur durch einen Trampelpfad erreichbar sind und das Ganze, vom nahe gelegen Waldweg aus, nicht zu erkennen ist, blieb es nicht aus, dass ich dort auch hin und wieder andere Menschen angetroffen habe.

Schließlich ist diese Formation/Senke ja einigen Einheimischen durchaus bekannt.

Da wäre zunächst einmal der in lauf Nähe gelegene örtliche Waldkindergarten zu erwähnen, von dem aus gelegentlich Erzieherinnen mit den ihnen anvertrauten Kindern zu diesem Ort gelaufen sind und mit denen dort Zeit verbracht haben.

Dies ist ziemlich sicher auch heute noch der Fall.

Außer dass ich selbst dort, manchmal auch mit meiner Familie, Zeit an diesem stillen und interessanten Ort verbracht habe, konnte ich aber auch andere Leute dort beobachten während meiner Anwesenheit.

Hin und wieder, wenn auch eher selten, kommen Spaziergänger oder Wanderer dort vorbei, denn das

Gebiet liegt im Naherholungsgebiet von Berlin und wird darüber hinaus natürlich auch von einheimischen Erholungssuchenden aufgesucht und manchmal „verirrt" sich der ein oder andere davon auch mal an diese Stelle, dem Trampelpfad aufs Geratewohl neugierig folgend.

Im Jahr 2013 war dort einmal eine sehr freundliche Neuheidengruppe anwesend, die auf einem der Steine etwas hinterlegt hat, meiner Erinnerung nach Obst, dass ganz offensichtlich im Rahmen eines Rituals dort geopfert wurde. Diese Leute verhielten sich übrigens äußerst vorsichtig um nichts zu zerstören oder auch nur im Geringsten zu beschädigen oder zu beeinträchtigen.

Sie tranken Met oder Bier aus mitgebrachten Trinkhörnern und verhielten sich ansonsten eher unauffällig, davon abgesehen, dass sie dort eben ein neuheidnisches Ritual durchgeführt hatten.

Auch verließen sie die Senke und die Steinformation ohne irgendwelchen Abfall zu hinterlassen genauso wie sie diese vorgefunden hatten.

Wie ich erfuhr kamen nur 3 der insgesamt 8 dort anwesenden Neuheiden aus der näheren Umgebung, der Rest kam auf Einladung der anderen 3 dort Einheimischen sogar aus anderen Bundesländern.

Im Jahr 2014 war dort dann eine andere Neuheidengruppe, die aus 9 ebenso freundlichen und ordentlichen Personen bestand wie die zuvor genannte Gruppe und dort auch ungefähr das Gleiche machte wie die zuerst genannte Neuheidengruppe.

Allerdings kamen die Angehörigen dieser ebenso recht kommunikativen Gruppe alle aus der unmittelbaren näheren Umgebung von Woltersdorf bei Berlin und einige wohl aus dem benachbarten Berlin.

Auch diese Neuheidengruppe hat dort, soweit ich mich erinnern kann, Obst als Opfergabe auf einem der Steine hinterlegt und Met oder Bier aus einem Trinkhorn getrunken.

Genau wie die andere Gruppe verhielt sich auch diese Gruppe äußerst vorsichtig um dort nichts zu verändern oder zu beeinträchtigen und auch diese Gruppe hinterließ die Steinformation in der Senke genauso sauber und ordentlich wie sie diese offenbar vorgefunden hatte.

Offenbar ist diese Örtlichkeit also einigen einheimischen Angehörigen von mindestens 2 unterschiedlichen neuheidnischen Gruppierungen bekannt und wird von diesen auch gelegentlich genutzt.

Übrigens entsprachen die Leute aus beiden Gruppen dem äußeren Erscheinungsbild nach ganz normalen bürgerlichen Kreisen und machten nicht den Eindruck irgendwelchen sonderbaren Esoterikern oder Radikalen anzugehören.

Ich bin geneigt zu behaupten, dass eine derartige Nutzung dieser Steinformation in der Senke, durch diese beiden Neuheidengruppen, vor allem in dieser behutsamen, gar achtsamen Art und Weise, sich für mich passend, geradezu dorthin gehörend anfühlt.

Dies gilt für den Fall, dass es sich um tatsächlich alte dort platzierte Steinsetzungen handeln könnte, genauso wie für den Fall, dass es sich um eine natürliche geologische Formation handeln könnte oder alle anderen denkbaren Möglichkeiten, denn diese Leute haben ganz offensichtlich eine innere, ganz besondere Beziehung zu diesem Ort, den sie bisher immer eher sauberer als vorgefunden hinterlassen haben.

Ganz besonders gefiele mir der Gedanke, dass heutzutage Neuheiden wieder, in aller Vorsicht und äußerst behutsam, eine Örtlichkeit nutzen würden, die in alten Zeiten möglicherweise und rein spekulativ einer ähnlichen Nutzung durch unsere damals wohl noch heidnischen Vorfahren, egal welcher Kulturgruppe und Sprachzugehörigkeit, unterlag.

Zugegeben dies ist ein Gedankenspiel aber ein interessantes, wie mir scheint.

Eine am Ort selbst erlebte Merkwürdigkeit

(von Meike Meyer)

Die folgende Schilderung ist von Meike Meyer selbst, genauso wie beschrieben, an der Findlingsformation in der Senke in Woltersdorf bei Berlin erlebt worden.

Diese Schilderung passt fast schon irgendwie zu der zuletzt beschriebenen Nutzung dieser Stelle und geht völlig unbeabsichtigt in eine merkwürdige, leicht mystische Richtung, ohne dass ihr zum Erlebniszeitpunkt überhaupt schon klar gewesen war was Mystik überhaupt sein könnte.

Frei nach den Erinnerungen von Meike Meyer damals noch Grundschülerin, die seinerzeit als Kind bei einem Ausflug zu dieser Senke mit den Steinformationen mitgenommen wurde.

Es ist anzumerken, dass das Erlebte inzwischen etwa 10 Jahre in die Kindheit zurückreicht und sie damals eben tatsächlich noch Grundschülerin war.

Eine merkwürdige, unvergessliche Erinnerung

An dieser Stelle wurde ich gebeten eine meiner Kindheitserinnerungen zu beschreiben, welch zufälliges Wortspiel. Also sitze ich hier nun mit meinem Vater und überdenke womit ich anfangen sollte.

Mit meinem Vater sitze ich hierbei zusammen, weil der ebenso Bestandteil dieser Geschichte ist wie ich selber und weil es mir manchmal hilft Gedanken die mir kommen um sie richtig zu fassen mit jemanden zu besprechen, wer bietet sich da wohl mehr an als derjenige mit dem ich diese Erinnerung also teile.

Ich habe schon immer Sport getrieben, als Kind nahm mich mein Vater zum Joggen mit in die Wälder rund um unser Zuhause.

Wir machten zusammen immer kleine Runden beim Joggen, wenn er größere Runden laufen wollte lief er die mit einer in der Nähe wohnenden Kollegin.

Ich muss so ungefähr 7 oder 8 Jahre alt gewesen sein, als mein Vater mal von so einer größeren Joggingrunde mit der Kollegin nach Hause kam. Nach diesen Joggingrunden saßen mein Vater, seine Kollegin, meine Mutter und ich auch oft zusammen im Garten, im Winter auch oft im Esszimmer und wir haben alle zusammen gefrühstückt.

Dabei erzählten die beiden Jogger uns einmal sie wären im Wald mal eine neue Strecke gelaufen, das haben die öfter mal gemacht, aber diesmal seien sie einem kleinen Trampelpfad gefolgt. Dabei hatten sie gar nicht weit entfernt vom nächsten Waldweg um den Kranichberg herum, eine Erdvertiefung gefunden, in der große Steine gelegen haben.

Diese Erdvertiefung war meinem Vater wohl sehr merkwürdig vorgekommen.

Da er sich für solche Sachen wohl schon immer interessiert hat und kein Urlaub verging an dem wir nicht zu irgendeinem Felsen auf einen Berggipfel mit Burgruinen oder sonstigen alten Orten oder Steinsetzungen geführt wurden, war das auch normal.

Mir wurde ein Picknick an dieser merkwürdigen Erdvertiefung versprochen und da mein Vater gerne Geschichten erzählte, vor allem mir, hat er die sonderbarsten Geschichten von uralten Orten, an denen unsere Vorfahren schon gepicknickt hätten, erzählt.

Um die ganze Sache für mich als Kind noch interessanter zu machen hat er dann auch gleich erklärt, dass da nur wir Einheimischen dahin dürften, weshalb meine Mutter als Zugezogene natürlich erst mal zuhause bleiben müsse, der würden wir die Erdvertiefung mal später zeigen.

Eigentlich wollte er meiner Mutter wahrscheinlich nur mal ein paar Stunden Ruhe vor mir gönnen, das hat er nämlich öfter mal so gemacht und einfach mal mit mir etwas unternommen damit meine Mutter mal einen Tag für sich hatte.

Mir hätte eigentlich schon die Aussicht auf ein Picknick gereicht, denn mir war klar, dass mein Vater sicher ein paar Leckereien und Süßigkeiten dabeihaben würde, ohne dass meine Mutter dabei gewesen wäre, die das Naschen begrenzt hätte. Meine Mutter hätte nämlich viel mehr darauf geachtet, dass ich mich nicht mit Naschzeugs überfresse als mein Vater.

Irgendwann nach gar nicht langer Zeit kam dann der Tag an dem wir Zwei zu unserem Picknick zu der Erdvertiefung gehen wollten.

Wir packten einen Rucksack mit lauter leckeren Sachen zum Essen und Saft zum Trinken und ein paar Plastiktellern und Bechern.

Inzwischen hatte mir mein Vater viele neue Geistergeschichten zu dieser Erdvertiefung erzählt, die wir inzwischen nur noch den alten Ort nannten.

Ich war schon etwas aufgeregt, aber auch neugierig und ein ganz klein wenig ängstlich, aber ich hatte ja meinen Vater dabei, also was sollte mir schon passieren.

Wir fuhren die kurze Strecke mit unserem Auto zur Maiwiese in Woltersdorf und parkten auf dem kleinen Waldparkplatz an der Maiwiese.

Da haben wir immer geparkt, wenn wir zum Aussichtsturm auf dem Kranichberg gelaufen sind. Die Maiwiese kannte ich auch von den Maifeiern mit Rummel und Karussells, die jedes Jahr stattfinden.

Diesmal gingen wir aber nur einen Teil des Waldweges entlang, denn wir bogen an einer Stelle auf einen Trampelpfad ab, den ich vorher noch nie wirklich gesehen hatte. Ich glaube, der war dort ganz sicher schon die ganze Zeit vorhanden solang ich schon auf diesen Waldwegen mitgenommen wurde, aber diesmal bin ich dort das erste Mal langgelaufen und habe ihn auch dadurch erst das erste Mal wahrgenommen.

Wir sind auch gar nicht lange diesem Trampelpfad entlanggelaufen. Erst ging es etwas bergauf, dann sogar etwas steiler und dann wieder nur ganz leicht bergauf.

Ich war ja noch sehr jung und klein deshalb kann es sein, dass mir der kleine Anstieg bergauf auch viel imposanter erschien als er es tatsächlich ist.

Ich bin mir sogar sicher, dass es nur eine ganz kleine Steigung war, die wir meistern mussten.

Egal, nach kurzer Zeit sind wir tatsächlich an der versprochenen Stelle angekommen. Ich staunte nicht schlecht. Da war mitten auf dem Hügel eine Erdvertiefung, aus meiner kindlichen Perspektive damals tiefer als sie es eigentlich wirklich ist.

Mein Vater nahm mich an die Hand und wir gingen vorsichtig die steile Böschung in die Vertiefung hinein.

Unten angekommen zeigte mir mein Vater einige sehr große Steine. Sicher spielte bei meiner Wahrnehmung auch wieder meine kindliche Perspektive eine Rolle. Mir kamen die Steine jedenfalls ziemlich groß vor.

Außerdem waren wir dort ganz alleine obwohl wir gar nicht so weit vom Waldweg weg waren. Wenn mein Vater nicht ununterbrochen geschwatzt hätte, wäre es wahrscheinlich sogar richtig ruhig gewesen.

Jedenfalls erzählte mir mein Vater alles was ihm zu dieser Stelle und den großen Steinen so einfiel. Vieles schmückte er aus oder erfand sonderbare Geschichten zu dem Ort, auf alle Fälle hatten wir beide mächtig Spaß an den Geschichten.

Irgendwann haben wir uns dann alles erzählt was uns zu den Steinen so eingefallen ist und wir wollten nun mit unserem Picknick anfangen.

Wir packten den Rucksack aus und stellten unsere Leckereien und den Saft auf einen großen, etwas flacheren Stein und setzten uns auf andere Steine, die in der Nähe waren um gleich mit dem Picknick anzufangen.

Mir gefiel dieser Ort oder waren es die komischen phantasievollen Geschichten meines Vaters oder die Aussicht auf ein leckeres Picknick, die Ruhe und das Vogelgezwitscher oder gar der Umstand, dass ich hier mal Zeit mit meinem Vater ganz alleine zusammen verbringen konnte.

Wahrscheinlich war es die Mischung aus allem zusammen, was mir so ein angenehmes Gefühl an diesem Ort verschaffte.

Natürlich hatte mein Vater auch gleich wieder eine seiner sonderbaren Ideen.

Er fing wieder damit an, dass diesen Ort bestimmt schon einige unserer ältesten Vorfahren kannten und sich hier getroffen hätten um die Natur zu verehren oder einfach mal ein paar Stunden Ruhe zu finden.

Wir sollten dem doch gedenken und für die unbekannten Vorfahren und die Wesen dieses Waldes etwas dalassen, sozusagen als Geschenk für diesen wundervollen Ort.

Wir legten einen Apfel auf einen Stein und gossen in eine kleine Vertiefung auf einem Stein ein bisschen Saft. Ich durfte dabei mitmachen und fand das interessant. Dann durfte ich endlich über die Süßigkeiten herfallen. Mein Vater sagte mir ich dürfte zwischendurch auch gerne mal einen Apfel essen und ich solle nicht so schlingen, hier ist niemand der mir das wegnehmen würde. Der hörte sich kurz mal wie meine Mutter an, ganz sicher hatte sie ihm aufgetragen genau das zu sagen und auf mein Wohl zu achten.

Aber mein Vater ist nicht streng zu mir gewesen, ich hatte den eigentlich immer ganz gut im Griff, viel leichter jedenfalls als meine Mutter.

Irgendwann waren wir satt und hatten das meiste von unseren Leckereien aufgegessen.

Jetzt guckte ich mir die Stelle wieder etwas genauer an, ich glaube dazu bin ich aufgestanden. Es war wieder wunderbar ruhig, ein paar Vögel zwitscherten immer noch irgendwo, ohne dass ich sie sehen konnte, aber sie waren zu hören.

Hin und wieder raschelte es etwas im Wald und der Wind pfiff leicht durch die Baumwipfel.

Als ich da so stand und guckte und lauschte, kam ein Schmetterling auf mich zugeflogen. Ich hatte so einen Schmetterling bei uns im Garten noch nie gesehen. Irgendwie hatte dieser Schmetterling eine intensive blaue Farbe. Besser gesagt seine Flügel hatten eine wirklich schöne ungewohnte blaue Farbe.

Der Schmetterling flog geradezu auf mich zu und ich streckte unwillkürlich den Arm aus.

Mein Vater flüsterte mir merkwürdig leise zu, ich solle den Schmetterling bitte nicht anfassen um seine Flügel nicht zu beschädigen.

Inzwischen hatte ich auch unbewusst die Hand geöffnet und nun flog mir dieser schöne, blaue Schmetterling direkt auf meine geöffnete Hand und ließ sich dort nieder.

Ich war wirklich versucht den Schmetterling anzufassen, denn ich war von diesen blauen Flügeln unheimlich fasziniert. Aber ich hatte auch noch die leisen Worte meines Vaters im Ohr, der mich ja gebeten hatte, den Schmetterling nicht anzufassen, um seine Flügel nicht zu verletzen.

Ich wollte ja auf gar keinen Fall dem schönen Schmetterling schaden und hielt mich daran ihn nicht zu berühren.

Offenbar fühlte sich der Schmetterling auf meiner Hand wohl. Er machte gar keine Anstalten wieder weg zu fliegen, sondern blieb dort sitzen. Vielleicht genoss der Schmetterling auch die Wärme meiner Hand. Schließlich war es im Wald um uns herum angenehm kühl und der kleine blaue Kerl nutzte die Situation aus und wärmte sich mal kurz auf.

Ich bilde mir heute ein der Schmetterling hat die friedliche, angenehme Situation an der Stelle instinktiv auch gespürt und irgendwie gewusst, dass er von uns nichts zu befürchten hatte.

Vielleicht war das auch dem „Zauber" dieser Senke und der schönen Findlinge zu verdanken, jedenfalls blieb dieser Schmetterling eine gefühlte Ewigkeit auf meiner Hand sitzen. Dann flog er aber doch irgendwann weiter.

Ich beobachtete ihn noch einen Moment, dann verlor ich ihn aus den Augen als er aus der Senke herausgeflogen war.

Ich bemerkte jetzt erst, dass mein Vater von dieser Situation genauso überrascht und offenbar fasziniert war wie ich selbst.

Ich fragte meinen Vater, ob er weiß was dies für ein Schmetterling ist.

Mein Vater sagte mir, dass er das auch nicht weiß, er hatte einen solchen intensiv blau gefärbten Schmetterling auch noch nie gesehen.

Wir haben im Garten schon immer Flieder und sogenannten Schmetterlingsflieder gehabt, an dem sich bei deren Blüte immer viele verschiedene Schmetterlinge tummeln. Da waren auch einige verschiedene Schmetterlingsarten zu beobachten, aber keiner von uns hat dabei je einen blauen Schmetterling gesehen.

Viel später habe ich mal darüber nachgedacht ob es vielleicht ein Schmetterling gewesen ist der im Wald seinen Lebensraum hat und deswegen nur dort anzutreffen wäre. Aber unser Grundstück grenzt unmittelbar an einen Wald und ich habe dort genau wie meine Eltern noch nie einen blauen Schmetterling gesehen. Auch bei unseren vielen Ausflügen in den

Wäldern und beim Joggen im Wald haben wir nie zuvor solch einen schönen blauen Schmetterling gesehen.

Ich habe auch bis heute noch nicht wieder einen solch schönen, blauen Schmetterling gesehen.

Schon damals hat sich mir dieses wunderschöne Erlebnis ins Gedächtnis eingebrannt. Aber auch im Nachhinein erinnere ich mich immer wieder gerne an diese merkwürdige, ungewöhnliche Begebenheit an dieser Senke.

Dies ist eben „eine am Ort selbst erlebte Merkwürdigkeit", die ich dort erleben durfte. Deswegen habe ich dies auch zur Überschrift dieser Geschichte gemacht.

Da ich dies ja nicht ganz alleine erlebt habe, sondern dabei in Begleitung meines Vaters war, ist das auch heute noch immer mal wieder ein Gesprächsthema in unserer Familie.

Heute kann ich diese Situation gar nicht richtig in Worte fassen, denn ich beschreibe hier ja nicht nur eine Situation, sondern auch meine Gedanken und Gefühle dabei.

Die Schwierigkeit daran ist, dass solch ein Erlebnis eigentlich schwer zu beschreiben ist, man muss sowas erleben um es begreifen zu können.

Außerdem ist es auch das Zusammenspiel aller verschiedenen Faktoren dieser Situation, das Picknick, der ungewöhnliche Ort, das Hinunterklettern in die Senke, überhaupt der Ausflug nur mit meinem Vater dahin, dessen fantasievolle Ausschmückung des Ganzen mit Geschichten, die schönen Steine, das Ablegen eines Apfels auf einen Stein, die Ruhe an diesem Ort und dann dieser unfassbar schöne, blaue und zutrauliche Schmetterling auf meiner Hand.

Eigentlich unbeschreiblich diese Situation, fast irgendwie mystisch, auf alle Fälle unvergesslich.

Bei dem eben erwähnten Wort mystisch muss ich daran denken, dass ich oder besser gesagt wir beide nicht die einzigen Menschen sind, die diesen Begriff mit dieser Stelle in Verbindung bringen.

Ich begleitete meine Eltern immer wieder mal zu dieser Stelle. Meiner Mutter habe ich diese Stelle natürlich auch sehr bald danach ganz stolz gezeigt und ihr von meinem schönen Erlebnis dort erzählt. Jedenfalls haben wir alle diese Stelle immer wieder mal gelegentlich zusammen aufgesucht. Ich war auch dabei wie dort andere Gruppen auch Zeit verbrachten. Mein Vater erklärte mir dies wären Neuheiden, die diesen Ort genauso schön finden wie wir und sich da manchmal treffen.

Ich glaube heute der Grund dafür ist, dass auch diese Menschen dort eine gewisse, schwer zu beschreibende

Art von natürlicher „Mystik" oder etwas Ähnliches gesucht oder gespürt haben, so wie ich damals.

Inzwischen habe ich auch schon gelegentlich Kontakt mit Neuheiden gehabt und fühle mich in dieser Annahme nach einigen Gesprächen bestätigt.

Jedenfalls geht von dieser Stelle für mich eine angenehme Ruhe und Geborgenheit aus. Wer Ruhe und Entspannung sucht, ist dort ganz sicher für eine Weile gut aufgehoben.

Und schön ist es da auch noch, vor allem wenn man dort in guter Gesellschaft mit einem lieben Angehörigen oder einem guten Freund oder einer guten Freundin ist.

Ich hoffe, dass dieser Ort weiter so erhalten bleibt und noch vielen Menschen ein Gefühl der Ruhe und Geborgenheit geben kann.

Unter der Überschrift „Eingemessen Koordinaten der genauen Lage der Findlingsformation" ist für jeden Interessierten, der im Besitz eines Mobiltelefons mit der entsprechenden App zur Feststellung der Koordinaten ist, die genaue Lage dieser Stelle angegeben und leicht zu finden.

Ein bisschen Suchen macht sogar auch noch Spaß und die Stelle ist ja nicht weit weg vom Waldparkplatz an der Maiwiese.

Einfach bergauf laufen und den Trampelpfad suchen. Wer auf dem Gipfel des Kranichberg angekommen ist, ist übrigens schon lange am Abzweig des Trampelpfades vorbeigelaufen.

An dieser Stelle würde jetzt auf meinem bevorzugten sozialen Medium ein Smiley erscheinen.

Mein Tipp ist, dort einfach mal mit einer vertrauten Person hinzugehen, alleine würde mir persönlich keinen Spaß machen und dann den Gedanken und einem guten Gespräch freien Lauf lassen.

Lassen Sie sich überraschen.

Lage zu anderen alten Orientierungspunkten

Hier soll kurz die Lage der Senke mit den Findlingssteinen im Hinblick zur Lage anderer, älterer, bekannter Orientierungspunkte dieser Region behandelt werden.

Dies wäre einerseits zur relativen Lagebestimmung interessant, schon alleine um einen Tagesausflug oder einen Besuch der Region über einige Tage besser planen zu können, hätte aber auch ganz vorsichtig ausgedrückt und wieder nur rein spekulativ, (das kann nicht deutlich genug herausgestellt werden), auch eine Bedeutung für den Fall, dass diese Senke oder die Findlingsformation darin oder gar beides sogar, eventuell durch menschliches Schaffen in weit zurückliegender Vergangenheit entstanden wäre.

Die Senke selber liegt auf einem Höhenzug am Rande der eiszeitlich gebildeten Hochebene des Barnims, im unteren Bereich des Kranichberges. (Früher, also bevor die heutigen Landkreise aus den damaligen DDR-Bezirken gebildet wurden, gehörten große Teile der umliegenden Region auch noch zum alten Verwaltungsbereich Niederbarnim).

Selbst wenn die Senke mit den Steinformationen darin, ebenfalls nur ganz spekulativ angenommen, irgendwie rein natürlich durch geologische Prozesse entstanden wäre, darf als Arbeitsannahme, hier in diesem Buch jedenfalls, davon ausgegangen werden, dass diese vermutlich den etwaigen früheren Bewohnern dieser Gegend, in diesem Fall, bekannt gewesen sein müssten.

Dass die Gegend schon seit alters her besiedelt war, belegt nicht nur entsprechende alte Keramikfunde in der gesamten näheren Region.

Vor der Völkerwanderungszeit waren die elbgermanischen Semnonen hier ansässig, unter deren Beteiligung sich später in Südwestdeutschland die zumindest mit ihnen verwandten Schwaben bildeten.

Später siedelten dann in diesem Raum slawische Spreewanen, die die Reste der germanisch-semnonischen Vorbevölkerung wohl friedlich assimilierten, es gibt nämlich praktisch keine archäologischen Funde, die auf irgendwelche nennenswerten Auseinandersetzungen in diesem Gebiet zu dieser Zeit deuten würden.

Es gab hier also wohl zu allen Zeiten Menschen, die diese Gegend bewohnten und sicher die Orientierungspunkte der Gegend auch kannten.

Nach dem Rüdersdorfer Kalksee, dessen südliches Ende bis nach Woltersdorf hineinreicht, liegt gleich im Anschluss in Fließrichtung der heute durch eine Schleuse erreichbare und früher wohl eher mit einem kleineren Fließ oder Graben, dem Kalkfließ, verbundene Flakensee in Woltersdorf. Beide Seen verlaufen ziemlich genau in Nord-Süd Ausrichtung. Die hier noch in Folge beschriebenen Stellen als Orientierungspunkte liegen alle östlich und eine nördlich vom Kalksee.

Lage:

Kalksee, 1,9 KM Länge, Höhe über NN 34,3 Meter, 52° 27′ 33″ N, 13° 46′ 11″ O

Schleuse Woltersdorf, Fallhöhe 2,10 Meter, 52° 26′ 33″ N, 13° 45′ 51,9″ O

Flakensee, 1,9 KM Länge, Höhe über NN 32,2 Meter, 52° 26′ 10″ N, 13° 45′ 45″ O

Am östlichen Uferbereich vom Kalksee beginnt fast unmittelbar nur wenige Meter weiter in gesamter Länge des östlichen Seeufers und sich in nördliche Richtung weiter fortsetzend der Höhenzug des Barnims, die Barnim Hochebene, deren höchste natürliche Erhebung allerdings bereits außerhalb der hier beschriebenen unmittelbaren Umgebung von Woltersdorf viel weiter nördlich liegt und etwa 156 Meter über NN liegt.

Direkt am Ostufer des südlichen Endes vom Kalksee liegt wenige Meter zum Fuß des Kranichberges hin als Orientierungspunkt die Liebesquelle, die an anderer Stelle noch eingehender beschrieben wird und immerhin seit Ende der letzten Eiszeit vor grob 10.000 Jahren existent ist.

Einen steilen Aufstieg direkt östlich von der Liebesquelle führt nach Osten auf den Gipfel des 106 Meter hohen Kranichberges, der als höchste natürliche Erhebung im Umkreis von Woltersdorf ein weiterer guter Orientierungspunkt ist. Die Quelle liegt auf etwa 35 Meter Höhe über NN am Fuß des Kranichberges, der Höhenunterschied zum Gipfel beträgt von diesem Orientierungspunkt der Liebesquelle zum anderen Orientierungspunkt des Kranichberggipfels also etwa 71 Höhenmeter.

(Der bequemere aber auch etwas längere Weg zum Kranichberggipfel, mit dem dort befindlichen Aussichtsturm, führt allerdings in einem Bogen an der Maiwiese vorbei, über den ausgebauten und geschotterten Waldweg am dortigen kleinen Waldparkplatz ebenfalls vorbeigehenden Hauptwaldweg).

Unmittelbar südlich davon (keine 50 Meter vom Hauptwaldweg zum Kranichberggipfel) befindet sich die Senke mit der Findlingsformation als weiterer Orientierungspunkt, deren Koordinaten bereits an anderer Stelle genannt wurden.
(Hier nochmal der Vollständigkeit halber wiederholt: 52° 26′ 33″ N, 13° 46′ 15″ O).

Ziemlich genau etwa 3,2 km nördlich vom Kranichberggipfel befindet sich der Rüdersdorfer Kalksteinbruch als weiterer alter Orientierungspunkt, dessen Kalkgestein nach dem Auffinden von uralten Kalkbrenngruben im nahen Berliner Raum aus der Zeit um 70 v.Chr. bereits den zuvor genannten germanischen Semnonen bekannt gewesen sein dürfte, die zu dieser Zeit hier siedelten. (Dazu mehr unter den noch folgenden Ausführungen zu diesem alten, im Museumspark Rüdersdorf auch zu besichtigenden, Kalkbrennofen).

Das diese Gegend vor der deutschen Ostbesiedelung im Mittelalter auch schon lange besiedelt war ist wie zuvor aufgeführt wurde bekannt, zumindest die Nutzung des nördlich gelegenen Kalksteinlagers ist durch den Fund der Kalkbrenngrube relativ sicher schon seit mindestens 70 v.Chr. belegt. Auch wenn die ersten schriftlichen Quellen und entsprechende alte Bauten zum Kalkbergbau in Rüdersdorf erst seit dem 13.Jahrhundert urkundlich und bauarchäologisch belegbar sind.

Etwa 3,2 Kilometer südlich dieser uralten Kalksteinnutzung, je nach dem jeweiligen Standort an einem der heute größten Kalksteinbrüche Europas mit einigen Kilometern langer Ausdehnung, liegen dann auf einer nicht ganz geraden Ost-West Achse die anderen drei genannten Orientierungspunkte Kranichberggipfel, Senke mit Findlingsstruktur und Liebesquelle, keine 500 Meter Luftlinie zum jeweils nächsten Orientierungspunkt voneinander entfernt, wobei die Senke mit den Steinen etwas südlich ausreißt.

Zusammenfassend kann hier also, wieder nur unter Vorsicht, spekulativ behauptet werden, etwaige frühere hier siedelnde Bevölkerung hatte mindestens drei bekannte, geografische und leicht lokalisierbare Orientierungspunkte in dieser Gegend.

Die gelegentlich offenbar genutzte Kalksteinlagerstätte in Rüdersdorf im Norden und die jahrtausendealte Liebesquelle und den, mindestens ebenso lange existierenden, Kranichberggipfel im Süden.

Dass die Senke mit der Findlingsformation (als vierter Orientierungspunkt) nun ziemlich genau und sehr nahe zwischen den beiden Orientierungspunkten im Süden liegt, ist auf alle Fälle bemerkenswert.

Selbst wenn dies rein zufällig so sein sollte, erleichtert es doch eine Tagestour zwischen diesen genannten Orientierungspunkten, die ja alle für sich auch schon einen Ausflug wert wären, doch ungemein.

Übrigens ist um die Liebesquelle herum ein großes Angebot an Gaststätten vorhanden, auf dem Kranichberggipfel werden während der Öffnungszeiten des dortigen Aussichtsturms auch Erfrischungen, Kaffee und ein paar Süßigkeiten an der Kasse angeboten und wer in Rüdersdorf im Museumspark oder in der Ortschaft Hunger und Durst leidet, ist selber schuld bei all den dortigen Geschäften und Gaststätten.

Einzig an der Senke ist man auf sich alleine gestellt und kann neben der unbeschreiblichen Stille und Schönheit nur die selbst mitgebrachte Verpflegung genießen, was auch gut so ist und hoffentlich immer so bleibt.

Die Verpflegungsmöglichkeiten können bei einer geplanten Rundwanderung leicht eingeplant werden, etwaige Öffnungszeiten sind über Recherche im Internet vorher schon genauso leicht wie die vielen Gaststätten in den Orten zu finden.

Die Liebesquelle ist leicht im Ort zu finden und zudem ausgeschildert, der Kranichberggipfel mit Aussichtsturm ist nicht nur ausgeschildert, sondern in der Natur der Sache begründet auch ohne Hilfe leicht zu finden, nämlich von der Quelle aus bergauf, wenn es nicht mehr weiter nach oben und höher geht hat man im Allgemeinen den Gipfel gefunden. Steht man dann dort auch noch vor einem großen Turm, darf dies durchaus als Indiz gewertet werden tatsächlich den richtigen „Berggipfel" erklommen zu haben.

Eine alpine Wanderausrüstung ist bei der hier maximal zu erreichender Höhe von 106 Metern wohl eher selten bis gar nicht erforderlich. Ordentliche Lauf oder Wanderschuhe sind trotzdem empfehlenswert. (Merke: Es gibt keine, wird es auch nie geben, Seilbahn auf den Kranichberg).

Etwas schwieriger gestaltet sich der Weg zur Senke. Diese ist weder ausgewiesen und ebenso in der Natur der Sache liegend als Senke von Weitem auch kaum erkennbar. Meine Empfehlung: Die Beschreibungen in diesem Buch genau lesen und/oder die angegebenen Koordinaten nutzen.

Der Museumspark Rüdersdorf und der dortige Kalksteinbruch sind leicht zu finden, vom Kranichberg oder der Liebesquelle aus immer geradeaus nach Norden laufen, der Steinbruch ist so groß, wenn man nicht aufpasst stürzt man nach etwas über 3 Kilometer Luftlinie automatisch hinein.

Spaß beiseite, Orientierungspunkte waren und sind nun mal meist leicht zu finden.

Noch 2 nahe, interessante Orte, Kalkbrenngrube Rüdersdorf und Liebesquelle Woltersdorf

Kalkbrenngrube Rüdersdorf

Am Ende des Kapitels „Einige vorsichtige Theorien" wurde in der 4. Spekulation bereits eine vorgeschichtliche alte Kalkbrenngrube in Rüdersdorf bei Berlin erwähnt.

Diese ist als interessanter Ort in der Region um Woltersdorf nicht nur bemerkenswert, weil es sich um die wiederaufgebaute Rekonstruktion einer germanischen Kalkbrenngrube aus der Zeit um 70 v. Chr. handelt, die zwar nicht in Rüdersdorf, sondern soweit mir bekannt ist im Osten Berlins, wenn mich nicht alles täuscht in Berlin-Marzahn gefunden wurde, sondern weil diese mit Rüdersdorfer Kalkstein bestückt wurde.

Das lässt nämlich den Schluss zu, dass die Gegend um Rüdersdorf bei Berlin, und Woltersdorf grenzt ja unmittelbar daran an, seit vielen Jahrtausenden nicht nur besiedelt wurde, sondern auch Rohstoffe (hier also Kalkgestein) abgebaut oder eingesammelt wurden und einer wirtschaftlichen Nutzung zugeführt worden sind.

Die Germanen, die um diese Zeit in dieser Region siedelten, brannten nämlich Kalkstein zu Brandkalk unter anderem dazu um damit ihre Häuser, deren Wände aus Lehmflechtwerk bestanden, von außen zu kalken, also weiß anzustreichen. Das machte diese Außenwände nicht nur wesentlich ansehnlicher, sondern auch etwas weniger witterungsanfällig.

Dieser alte germanische Kalkofen befindet sich, leicht zu übersehen, am Wegesrand im Museumspark Rüdersdorf und ist vor Witterungseinflüssen etwas geschützt, mit einer niedrigen Glasplatte überdacht.
Überhaupt ist der

Museumspark Rüdersdorf

Heinitzstr. 9

15562 Rüdersdorf bei Berlin

Tel.: 033638-799797

Öffnungszeiten v. April-Oktober, täglich 10:00-18:00 Uhr

und von   November-März, Di.-So. 10:30-16:00 Uhr

insgesamt einen Besuch wert, da hier die Tradition des Kalksteinbergbaus und der Verwendung der daraus gewonnenen Produkte, sowie uralte Förderanlagen und Gebäude bis aus der Zeit der Kurfürsten zu besichtigen sind.

Außerdem ist im Museumspark Rüdersdorf auch noch ein modernes Museum zur Geologie und Geschichte, vor allem aber auch mit interessanten Fossilien, zu besichtigen, indem sich unter anderem ein Abguss des in Rüdersdorf gefundenen Fossils eines Ichthyosauriers befindet, dessen Original zurzeit im Berliner Naturkundemuseum ausgestellt wird.

Überhaupt kann im ganzen Ort Rüdersdorf die lange Tradition in der Verwendung von Kalksteinen als Baustoff an vielen alten Gebäuden und Bauwerken überall besichtigt werden.
Hier folgend einige Beispiele dafür aus der Ortschaft.

Innenwand eines alten Wohnhauses aus Kalkstein

Kalkgestein aus Rüdersdorf mit Fossilien

Vorangehende 2 Bilder. Mauer aus Kalkgestein aus unterschiedlichen Perspektiven in Rüdersdorf.

Das Mauerwerk hierzu ist gut erkennbar, genau wie bei der Hausinnenwand (Bild 2 Seiten zuvor) aus groben Bruchkalkstein gemauert.
Die Pfeiler der Mauer dagegen wurden aus sicher ziemlich alten, fein gearbeiteten Werksteinen aus Kalkstein, die heute in der Art schon lange nicht mehr in Rüdersdorf hergestellt werden, gemauert. Die Kalksteinmauer selbst steht auf einem eventuell noch viel älteren, um einiges breiteren Fundament aus Kalkbruchsteinen unterschiedlichster Größe und Form. Alles in allem ist sowohl der Museumspark Rüdersdorf als auch die Ortschaft selbst und deren zahlreiche gastronomische Betriebe einen Besuch wert.

Liebesquelle Woltersdorf

Unbedingt ebenfalls besuchenswert ist die Liebesquelle in Woltersdorf bei Berlin. Diese ist gut mit der Straßenbahnlinie 87 vom S-Bahnhof Rahnsdorf in Berlin, erreichbar.

Lage

Liebesquelle Woltersdorf bei Berlin

Woltersdorfer Landstr./Brunnenstr. gegenüber.

15569 Woltersdorf bei Berlin

Liebesquelle aus Blickrichtung von Brunnenstr.

Liebesquelle am Gehweg Woltersdorfer Landstr.

Es handelt sich hierbei um eine seit der letzten Eiszeit existente, inzwischen leider fast vollständig versiegte, nur noch gelegentlich etwas tröpfelnde Quelle am Fuße des ca. 106 Meter hohen Kranichberges. Die Quelle liegt direkt an der Woltersdorfer Landstr. und ist mit einem Metallgitter überbaut und unübersehbar.

Um den Besuchern trotzdem immer einen Schluck Wasser zur Verfügung zu stellen ist in die Quelle hinein inzwischen ein öffentlicher Trinkwasserspender eingebaut worden. Dies ist für die noch im Folgenden beschriebene Sage zur Quelle von Nöten. (Bild unten)

Liebesquelle mit Vorhängeschlössern verliebter Paare
zur Besiegelung ihrer Liebe.

(Nachfolgendes Bild mit Blick auf alte Quelleinfassung)

Text auf Granitplatte über der Quelle:
„Aus märkischem Sand entspring ich hell – Als Labetrunk
u. Liebesquell -Erbaut vom Verschönerungs Verein i.J.
1886. Erneuert i.J. 1928"
(Rechtschreibung von Tafel übernommen).

Eingezeichnet ist diese Quelle bereits in viel älteren Karten, der Text auf der Granitplatte bezieht sich auf die Einfassung und Neugestaltung der uralten Quelle in den Jahren 1886 und 1928 durch den Woltersdorfer Verschönerungsverein.

Ob die Quelle erst seitdem diese Granitplatte mit dem o.g. Text über der Quelle angebracht wurde, also seit 1886, oder auch schon davor Liebesquelle genannt wurde ist nicht abschließend geklärt.

Sowohl die Namensableitung der Quelle von der Inschrift als auch ein Bezug des Textes der Inschrift auf einen uralten, schon damals lange in Gebrauch befindlichen, Namen sind als Erklärung im Umlauf.

Eine sehr alte Bezeichnung der Quelle als Liebesquelle, schon lange vor der Anbringung der Tafel 1886, würde zu der nun geschilderten alten Sage zu der Quelle passen, die von der örtlichen Bevölkerung seit langem erzählt wird:

„Liebespaare, die die Quelle gemeinsam besuchen, sollen zusammen daraus Wasser schöpfen und trinken. Wenn das Paar dies getan hat, bleibt es fürs ganze Leben in Liebe verbunden."

Dazu passend wurde früher in den nahegelegenen Ausflugslokalen tatsächlich für Paare Kaffee angeboten, der aus Wasser der Liebesquelle zubereitet wurde.

Nicht Auszudenken was passiert wäre, wenn die Sage stimmt und dann noch unwissentlich oder absichtlich, heimlich weitere Personen ein Tässchen aus dieser Kanne getrunken hätten.
Ob so eventuell unwissentlich die sexuelle Revolution der 1968 er Bewegung ausgelöst wurde?

Spaß beiseite, ich hörte auch schon andere Versionen zum Namen dieser Quelle, die ich aber ausdrücklich wieder als reine Spekulation kennzeichnen möchte, da dies nicht belegbar ist. Es könnte sich bei dieser alten Sage, angeblich, auch um die Reste eines vorchristlichen, heidnischen Brauchs der Quellverehrung oder der Weihung einer Verlobung an eine alte Liebesgöttin handeln. Die früher in dieser Gegend lebenden Slawen sollen eine Liebesgöttin Liuba oder Lioba verehrt haben, von der sich der Name Liebesquelle entweder verballhornt oder auf die Funktion der Liebesgöttin bezogen abgeleitet haben könnte.

Etwas weiter südlich im Spreewald ist dies jedenfalls verbürgt und es gibt sogar Denkmäler für diese wendische/slawische Göttin in Lübben/Spreewald.

Was unsere hier beschriebene Region betrifft ist dies allerdings reine Spekulation und von mir nur der Vollständigkeit halber hier miterwähnt worden.

Die Liebesquelle ist jedenfalls gar nicht so weit entfernt von der Steinformation in der Senke.

Ist dies Zufall?

Gut möglich, dass dies wirklich nur ein Zufall ist, sogar eher wahrscheinlich, aber einen Besuch ist die Liebesquelle in Woltersdorf bei Berlin allerdings immer wert, selbst wenn die Gemeinde Woltersdorf offensichtlich Probleme damit hat diese öffentliche Wasserstelle, die ja einer der Anziehungspunkte für Tagestouristen aus der Region Berlin-Brandenburg ist, wenigstens zu den touristischen Hauptbesuchszeiten geöffnet zu halten.

Die Bilder zur Liebesquelle entstanden nämlich an einem Sonntagvormittag im Sommer, am 05.07.2020 um 11:30 Uhr und das Gitter um die Liebesquelle war verschlossen, der eigentliche Zugang somit gar nicht möglich.

Bei einem weiteren Besuch am Samstag den 11.07.2020 um 15:45 Uhr war die Gittertür allerdings wieder geöffnet und die Quelle also auch zugänglich.

Dieses Problem besteht übrigens in wechselnder Intensität seit vielen Jahren.

Mein Rat geht dahin, trotzdem besuchen, die Liebesquelle ist auch verschlossen noch sehr schön anzusehen und vielleicht hat man ja Glück und sie steht gerade offen.

Schlussbemerkungen, Dank und Stichwörter

Letztendlich bleibt in diesem Buch nur die Möglichkeit, die in dieser Region ziemlich einzigartige Senke mit der auffälligen Findlingssteinformation zu beschreiben. Damit verbunden ist die Hoffnung diese Örtlichkeit zumindest bildlich festzuhalten, bevor diese völlig überwachsen oder von Erdreich überschüttet ist und als solche gar nicht mehr mühelos erkennbar ist.

Was es mit diesen Steinen auf sich hat und woher diese Senke kommt, wie das Ganze entstanden ist, das kann in diesem Buch nicht abschließend geklärt werden.

Einige Möglichkeiten, vor allem die letzten 75 Jahre betreffend, sind nach Inaugenscheinnahme durch einen örtlichen Bauingenieur i.R. (Ernst Zienow), der auch gleichzeitig noch ein Zeitzeuge seit Ende des 2. Weltkrieges ist sowie eines weiteren Zeitzeugen der zufällig auch noch Bauingenieur i.R. ist (Herbert Meyer), als eher unwahrscheinlich anzunehmen.

Einige andere Möglichkeiten, vor allem die einer natürlich entstandenen geologischen Formation und die Möglichkeit einer eher sehr viel älteren Steinsetzung, konnten weder ausgeschlossen noch bestätigt werden.

Aber auch das ist ein Ergebnis, wenn auch nicht ein eindeutiges Ergebnis, denn es bleibt Platz für weitere

Gedankengänge und möglicherweise auch für eine eingehendere Überprüfung dieser Struktur von dafür ausgebildeten Fachleuten, was mir persönlich am Allerliebsten wäre.

Nicht vergessen werden sollte auch, dass vielleicht diverse Möglichkeiten zur Entstehung des beschriebenen Ortes gar nicht hier aufgeführt worden sind oder dass einzelne der ganz vorsichtigen Theorien auch miteinander kombiniert und verknüpft sein könnten.

Sicher erscheint mir aber am ehesten, dass es sich zwar um eine regional interessante Stelle handelt, aber vermutlich kein zweites Troja oder Stonehenge dort erwartet werden kann.

Auch dürfte es sich nicht mit so eindrucksvollen Orten wie den Rummeln im Fläming (Trockenschluchten im Brandenburger Höhenzug des Flämings, der immerhin bis zu 200 Meter hoch ist) messen können.

Das alles tut dieser kleinen Senke, auf vielleicht ein Drittel Höhe zum Anstieg des Woltersdorfer „Hausberges" mit seinen immerhin etwa 106 Metern Höhe, auf dem „Gipfel" des Kranichberg, keinen Abbruch. Denn in dieser Region rund um Woltersdorf bei Berlin bleibt diese Senke mit diesen Granitfindlingen trotzdem ein einmaliger, besinnlicher und naturverbundener Rückzugsort, vor allem für Erholungssuchende sowie für an regionalen

Besonderheiten interessierte Wanderer, Spaziergänger und Tagestouristen.

Wenn, was an Wochenenden durchaus passieren kann, die anderen Ziele für Ausflüge und Tagestouristen, von der Schleuse und der Liebesquelle und dem Aussichtsturm auf dem Kranichberg in Woltersdorf bei Berlin, ebenso wie der Museumspark Rüdersdorf und die dazugehörenden Sehenswürdigkeiten in Rüdersdorf bei Berlin, mal etwas überlaufen sind und jemand einfach ein stilles Rückzugsplätzchen in dieser Region sucht, dann bietet sich die Senke mit ihren merkwürdigen Steinen geradezu als solches an.

All dessen völlig ungeachtet ist diese Senke mit den großen merkwürdigen Steinen, vor allem diesem vermeintlichen „Schalenstein" (wie auch immer diese Auffälligkeit entstanden ist), eine ganz besondere Stelle und ein Besuch dieser Örtlichkeit ist meiner Meinung nach immer ein schönes Erlebnis. Was ja auch einige Menschen, die sich auch heute dort noch aufhalten, offenbar genauso sehen, selbst wenn diese Örtlichkeit sehr vielen Einheimischen gar nicht bekannt ist, dem dieses Buch vielleicht ein ganz klein wenig Abhilfe schaffen könnte im Idealfall.

Dazu passen vielleicht auch die beiden anderen in dieser Region unbedingt sehenswerten Orte, die Liebesquelle und der Museumspark Rüdersdorf mit der alten germanischen Kalkbrenngrube. Beides ebenfalls alte Orte, die einer gewissen, zumindest so von mir immer empfundenen, wohligen Mystik entsprechen und besuchenswert sind.

Nachfolgend möchte ich auf einige Bücher verweisen, von denen einige sogar das ein oder andere der in diesem Buch behandelten Themen etwas ausführlicher behandeln.

Die jeweils für sich selbst aber sowieso ganz besonders lesenswert sind, bei einem eventuell beim Leser vorhandenem Interesse zum jeweiligen Thema.

Natürlich ist keines dieser Bücher unbedingt zum Verständnis dieses hier behandelten Themenbereichs nötig. Es wäre auch ziemlich nutzlos, diese dann ans Ende dieses Buches zu stellen.

Aber die folgenden Bücher sind eine teilweise viel fachbezogenere Weiterführung einiger weniger Themen dieses Buches und ganz sicher eine viel ausführlichere Weiterführung einiger der hier nur kurz angeschnittenen Themenbereiche.

Hier ein Buch, dass sich mit regionalen Sagen und
Mythen sowie Sehenswürdigkeiten, vor allem rund um
den Hohen Meißner in Hessen beschäftigt und der dort
sehr präsenten Frau Holle Thematik.

Göttin Holle

vom Autor: Garden Stone

Verlag Books on Demand GmbH, Norderstedt

ISBN (alt)3-8334-4579-3

ISBN (neu) 978-3833445798

Außerdem sind auch zwei Bücher aufgeführt, die sich zu
Themen rund um die beiden kleinen Gruppen von
überaus freundlichen und kommunikativen Neuheiden,
die ja auch interessanter Weise in der hier
beschriebenen Senke mit den Findlingssteinen in
Woltersdorf bei Berlin angetroffen wurden, befassen.

Zunächst einmal ein äußerst interessantes Buch zu einer
Erklärung des Konzepts des aufgeklärten
Neuheidentums.

Aufgeklärtes Heidentum

vom Autor: Andreas Mang

Eigenverlag Andreas Mang

ISBN 978-1479279944

Sowie nachfolgend eine eher humorvolle Beschreibung von Erlebnissen bei der Suche im Neuheidentum von mir selbst, da mich dieses Thema, seit ich die Neuheiden an der in diesem Buch beschriebenen Steinformation getroffen habe, interessiert und mich nicht mehr losgelassen hat. Aber Vorsicht, dieses nachfolgend genannte Buch ist nicht ausschließlich wirklich ernst gemeint.

Was man als angehender Heide so alles erleben und überleben kann

vom Autor: Volker Meyer

Verlag Books on Demand GmbH, Norderstedt

ISBN 978-3-7519-3227-1

Auf keinen Fall unerwähnt möchte ich ein besonderes
Buch mit regionalem Bezug lassen, dass sich mit der
Ortschaft Rüdersdorf bei Berlin befasst.

Rüdersdorf

Die Kalkhauptstadt am Rande Berlins

Autorin: Eva Köhler (Mitarbeit Reinhard Kienitz)

Verlag Stapp Verlag, Berlin

ISBN (alt) 3 87776 730 6

Abschließend empfehle ich für alle, an der alten
Mythologie, deren Ursprünge von der Steinzeit,
Bronzezeit, Eisenzeit usw., seit den alten Ur-
Indoeuropäern bis heute und deren moderne
Ausformungen bis ins heutige Neuheidentum hinein
interessierten, das folgende Standardwerk dazu, welches
wohl kaum ein Themenfeld dieser Thematik
unbehandelt lässt.

Asatru

Die Rückkehr der Götter

Autoren: Zusammengestellt von Kveldulf Hagan Gundarsson und diversen weiteren Autoren zu einzelnen Themenbereichen, teilweise auch gemeinsam verfasst, erweiterte deutsche Ausgabe von Kurt Oertel

Verlag Edition Roter Drache

ISBN 978-3-939459-63-7

Dieses Buch behandelt, quasi im ersten Teil ganz ausführlich und auf hohem Niveau, aber trotzdem leicht verständlich, den Zeitraum der allerersten fassbaren Kulturen in Europa und den darauffolgenden Zeitraum der Besiedelung durch Völker, die dem indoeuropäischen Sprach- und Kulturbereich angehörten.

Und soweit überhaupt noch fassbar, deren mythische Vorstellungen aus diesen bereits sehr weit zurückliegenden Zeiten.

Wer sich für das Thema der hier beschriebenen Steinformation interessiert, findet im ersten Teil des Buches „Asatru-Die Rückkehr der Götter" ganz sicher eine sehr ausführliche Schilderung der Verhältnisse in der Vorzeit in Europa, die möglicherweise auch den Zeitraum umfasst, in dem Menschen in unserer Region rund um Woltersdorf bei Berlin anfingen eine sesshafte Kultur mit Ackerbau und Viehzucht zu etablieren und erste Spuren hinterließen, die heute noch im Boden schlummern oder schon entdeckt wurden.

Eine allerletzte Schlussbemerkung

Eigentlich hätte hier dieses Buch ein Ende finden können. Auf die Sache und Thematik dieses Buches bezogen, habe ich zumindest vorerst versucht meine Gedanken bis hier her abschließend zum Ausdruck zu bringen.

Aber leider hat sich noch ein Gedanke ergeben, den ich zumindest angesprochen haben möchte.

Ich kann gar nicht anders, denn irgendwie gehört dies leider auch zu dieser ansonsten so wunderbaren Gegend.

Gerade in dem Waldgebiet zwischen Rüdersdorf bei Berlin und Woltersdorf bei Berlin, in dem nicht nur die hier beschriebene Senke mit den Findlingssteinen liegt, sondern auch der Kranichberg samt Gipfel und Aussichtsturm, sowie die am Rande dieses Waldgebietes liegende Liebesquelle, bis hinauf nach Norden an den Ort Rüdersdorf angrenzend, mit dem dortigen Museumspark, finden in den letzten Jahren Aktivitäten statt, die meiner Meinung nach erwähnenswert sind, wenn auch diesbezüglich leider aus negativen Gründen.

Ausgerechnet dieses Gebiet, wohlgemerkt ein ausgewiesenes Waldgebiet, für das ohne Zweifel meinerseits das Landeswaldgesetz des Bundeslandes Brandenburg Gültigkeit haben sollte, wurde von einigen

Motorsportbegeisterten als Fläche für Geländefahrten auserkoren. Dabei werden mitunter und völlig unverhohlen auch Schneisen abseits der Waldwege durch und in die Vegetation gefahren.

Das dies nicht im Sinne des Naturschutzes sein kann ist möglicherweise nur meine persönliche Meinung.

Diese wird auch dadurch beeinflusst, dass ich ja gerade die Stille und Unberührtheit einiger dieser Stellen im Wald ganz persönlich schätze und für wertvoll erachte.

Völlig meinem Verständnis entzieht sich aber der Umstand, dass in den letzten Jahren auch immer wieder mal sogar eine richtige Motorsportveranstaltung als Geländezeitfahrt zwischen den Ortschaften Rüdersdorf bei Berlin und Woltersdorf bei Berlin genau durch das beschriebene Waldstück gestattet, zumindest wohl geduldet wurde.

Muss das denn in einem Wald im Sinne des Landeswaldgesetzes sein?

Und muss das denn nun auch noch ausgerechnet in diesem für den Tagestourismus so wichtigen Teilbereich des Waldes sein, genau zwischen oder in der Nähe der in diesem Buch beschriebenen Stellen?

Ein südlich dem Kranichberg vorgelagerter Hügel im Wald ist offenbar ganz besonders ins Visier einiger Geländemotorsportbegeisterter geraten und „erfreut" sich offenbar gelegentlicher Besuche zu Übungsfahrten, von wem auch immer.

Soweit mir bekannt, liegt der gesamte hier im Buch beschriebene Waldbereich auch noch in einem Landschaftsschutzgebiet, welches meiner Meinung und meinem Kenntnisstand nach mit Verordnung vom 06.11.2006 zuletzt geändert in der Fassung vom 29.01.2014 eingerichtet wurde.

Es müsste sich nach Inaugenscheinnahme der Karte in Anlage 1 dieser o.g. Verordnung über das Landschaftsschutzgebiet „Müggelspree -Löcknitzer Wald -und Seengebiet" tatsächlich um Bereiche in diesem genannten Landschaftsschutzgebiet handeln.

Möglicherweise hilft dieses Buch ja auch den verantwortlichen Entscheidungsträgern, die für etwaige Genehmigungen von Motorsportveranstaltungen in diesem Bereich oder zumindest für deren Duldung verantwortlich sind, ihre Duldung dieser Veranstaltung zu überdenken, vor allem im Hinblick auf die dort vorhandenen beschriebenen Örtlichkeiten.

Und, die Hoffnung stirbt zuletzt, vielleicht überdenkt ja sogar der ein oder andere unbekannte Motorsportbegeisterte, ob denn nun wirklich ausgerechnet in diesem Waldgebiet eine Geländefahrt nötig ist oder ob sich nicht doch eine geeignetere Stelle außerhalb dieses Waldstücks finden lassen könnte. Ich bin mir sicher, zumindest hoffe ich, dass es genug

Motorsportbegeisterte gibt, die dies ähnlichsehen und denen dieses Waldstück ebenfalls als besonders schützenswert erscheint.

Vielleicht könnten diese ja auch sogar auf andere Motorsportler positiv einwirken um Schaden von Wald und Flur an dieser Stelle zu vermeiden.

Ich würde mir dies wünschen.

Insgesamt fiel mir jedenfalls auf, dass die große Mehrheit der Besucher dieses Gebietes sich bisher ausgesprochen ordentlich verhielt.

Es wird kaum Müll hinterlassen, es erfolgen wenig Schuttablagerungen, mir ist dort keine einzige wilde Müllkippe in der Nähe bekannt.

Übrigens ganz im Gegensatz zu anderen Waldflächen in der weiteren Umgebung.

Das nun wieder stimmt mich hoffnungsvoll, denn es zeigt mir, dass es sich bei dem zuvor beschriebenen eher unschönen Verhalten um einzelne „Ausreißer" handelt, die keinesfalls die Mehrheit der Nutzer dieser Waldgebiete repräsentieren, ganz sicher übrigens auch nicht die Mehrheit der dieses Hobby, beziehungsweise dieses Sportes, betreibenden Menschen.

Noch etwas Positives sei an der Stelle aus der näheren Umgebung erwähnt, einfach, weil es sicher ein schöner, positiver Schlusssatz zu diesen Gedankengängen ist und es sich gut macht mit einem positiven Gedanken dieses Thema zu beenden.

Einmal im Jahr treffen sich in Rüdersdorf bei Berlin tatsächlich Gemeindemitglieder, um zusammen, meist um die Osterzeit, beim jährlichen Frühjahrsputz der Gemeinde, selbige, einschließlich der angrenzenden Uferwanderwege im Wald am Kalksee, von Müll und Unrat zu säubern, freiwillig und unentgeltlich.

Da dürfen übrigens auch ortsfremde Helfer mitmachen, wenn sie helfen wollen diese Gegend sauber zu halten. Die Termine werden rechtzeitig vorher öffentlich bekanntgegeben.

Damit möchte ich dieses Thema nun wirklich schließen.

Danksagung

Ich bedanke mich bei Meike Meyer für die Hilfe bei der Einmessung der Senke und beim Anfertigen der Bilder dieser Örtlichkeit, sowie für die freundliche Genehmigung diese hier verwenden zu dürfen und ganz besonders für die Co-Autorenschaft.

Ich bedanke mich ebenso für den gemeinsamen Ortstermin an der Senke bei dem Bauingenieur i.R. Ernst Zienow und für dessen Mitarbeit und seine ebenso wertvollen, wie vorsichtigen Gedanken zu der Senke mit den Findlingen, ohne sich hier abschließend festlegen zu können, sowie für seine weitere Mitarbeit als Zeitzeuge.

Ebenso bedanke ich mich bei dem Zeitzeugen Dipl. Ing. (Tiefbau) i.R. Herbert Meyer, der in Rüdersdorf bei Berlin aufwuchs und dadurch viele Jahre lang seine Erinnerungen als Zeitzeuge zu Ereignissen in dieser Region mit mir geteilt hat.

Mein Dank geht auch an meinen guten Freund Rudolf Färber, Bottrop, der bei einem Besuch 7 weitere Fotos der Steinformation anfertigte und freundlicherweise zur Verfügung gestellt hat.

Schließlich danke ich noch meiner lieben Frau Daniela Meyer dafür, dass sie die Geduld aufbrachte meine lange Arbeit an diesem Buch zu ertragen und ebenso dafür, dass sie mich dabei mit Rat und Tat unterstützt hat. Nicht zuletzt auch dafür, dass sie das Manuskript gelesen hat und mich dabei auf einige Stellen aufmerksam gemacht hat, die ich so noch glücklicher Weise verbessern konnte.

Mit herzlichem Dank,

Volker Meyer, Sommer 2020.

Kraftort

Die Senke mit den Findlingssteinen

besuchte ich mit mir im reinen.

Das liebe Kind dabei, die Kleine,

da hatte sie noch kurze Beine.

Es ging wohl nicht so auf die Schnelle,

der Anstieg zu der schönen Stelle.

Die Kleine, jetzt nicht mehr lieb und leise,

schimpfte über die zu lange „Reise".

Die Frau, die gute Kindesmutter,

trug die Tasche mit unserem Futter.

Als wir dann in der Senke saßen

und unser leckeres Futter aßen,

war die Kleine wieder ganz lieb

und stahl mein Brötchen, fieser Dieb.

Mit Wonne ließ sie es sich schmecken,

alleine um ihren Dad zu necken.

Doch war für alle noch mehr dabei,

an Speis, Trunk und viel Leckerei.

Wir wurden alle Drei gut satt,

sitzend auf Steinen, rund und glatt.

Zwei Äpfel ließen wir dort liegen,

den Waldfeen und auch noch den Tieren.

Ein Stündlein dort fürs Familienglück,

dann war es aus, Kind wollte zurück.

Bergab sprang sie den Weg ein Stück,

dann wurde sie müde, wir hatten Glück.

Erwachsen ist das Kind und groß,

wo blieben all die Jahre bloß.

Mit ihrem Freund sitzend unter Zweigen,

kann sie ihm jetzt die Senke zeigen.

Dabei werden sie wohl Händchen halten,

auf Steinen sitzend, den glatten, alten.

Junge Leute müssen so walten,

es schmunzeln ihre beiden „Alten".

Sind eh schon kurz vor dem Verkalken,

die sonderbaren, glatten Alten

und schwelgen nun in alten Zeiten.

(Mit Dank gewidmet meiner lieben Frau und meiner meist genauso lieben Tochter)

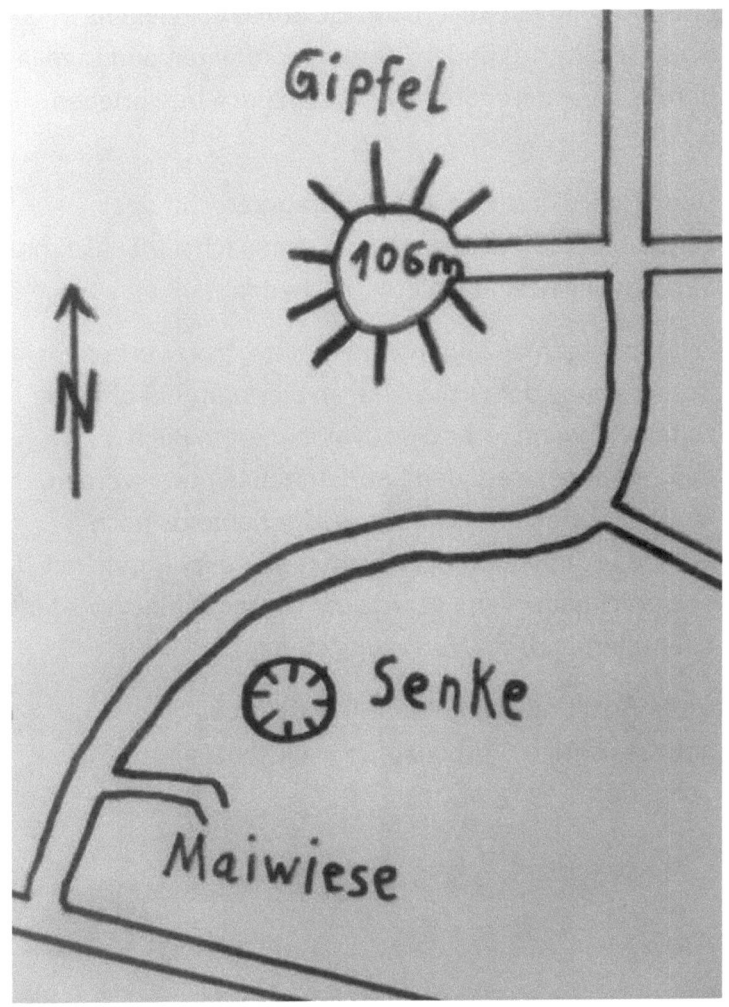

(Nicht maßstabsgerecht)

Diese vorangehende Handskizze soll nur eine kleine Erleichterung darstellen, um die etwas abgelegene Senke leichter zu finden, deren Koordinaten und Lage ja bereits an anderer Stelle in diesem Buch beschrieben wird.

Diese Handskizze ist nicht maßstabsgerecht, aber verdeutlicht ziemlich genau wo man nach der Senke mit den Findlingssteinen in etwa suchen muss.

Erfahrungsgemäß laufen einige Leute, trotz vorheriger Beschreibung der Örtlichkeit, an dieser vorbei ohne sie zu finden, wenn nicht die zuvor in diesem Buch beschriebenen genauen Koordinaten benutzt werden können, einfach weil gerade weder Kompass noch andere technische Möglichkeiten, wie ein I-Phone mit entsprechender App, gerade am Ort mitgeführt werden oder überhaupt zur Verfügung stehen.

Ich hoffe diese kleine Handskizze hilft das unbeabsichtigte Vorbeilaufen in diesem Fall zu verhindern.

Einige wenige Stichworte und deren Bedeutung bei der Verwendung in diesem Buch.

Eiszeit:
Eine Periode des Klimas, bei der große Eismassen aus dem Norden als Gletscher auch in die Region um Woltersdorf bei Berlin gelangten. Je nach Standort bis vor etwa 9.000 – 10.000 Jahren.

Findling:
Gestein, dass von den Eismassen der Gletscher, vorwiegend aus Skandinavien stammend, nach Norddeutschland geschoben wurde (Geschiebe). Meist auffallend rundlich geschliffen und in verschiedenen Größen abgelagert. Oft aus Hartgestein.

Formation:
Anscheinend erkennbar in Zusammenhang stehende Gebilde, in diesem Buch Findlingssteine.

Geschiebe:
Gestein (Findlinge) sowie Sand, Kies und unterschiedlich zusammengesetztes Lockergestein, dass durch die Eismassen der Eiszeiten, teils über weite Strecken, transportiert und schließlich abgelagert wurde.

Gletscher: In Bewegung geratene Eismassen, die sich durch eigenes Gewicht und Geländeformationen und Gefälle folgend vom Entstehungsgebiet weg in weiter entfernt gelegene Gebiete bewegen und in wärmeren Breiten dann abschmelzen.

Granit:
Sehr hartes und widerstandsfähiges ehemaliges Tiefengestein, dass durch geologische Prozesse an die Erdoberfläche gelangt ist. Oft auch als Findlinge von Gletschern in Norddeutschland abgelagert.

Kalkstein:
Sedimentgestein, meist in ehemaligen Meeresgebieten durch tierisches Leben (Muschelschalen, Korallen, Skeletteile unterschiedlichster Lebensformen usw.) abgelagert und durch geologische Prozesse wieder an die Oberfläche gelangt. Bekannte Lagerstätte in der Region um Woltersdorf bei Berlin in Rüdersdorf bei Berlin.

Liuba: Auch Lioba, von noch heidnischen, slawischen Bewohnern Brandenburgs bis ins Mittelalter hinein verehrte, vorchristliche Göttin. Als Liebesgöttin, wahrscheinlich auch Fruchtbarkeitsgöttin, verehrt.

Maiwiese:
Hier als Bezeichnung einer der vielen regionalen, dörflichen Festwiesen für Feierlichkeiten (oft in oder kurz vor dem Mai) gebraucht bzw. genutzt.

Beispielsweise beim Tanz in den Mai 30.04.des Jahres und den Maifeiern ab 01.05.des Jahres.

Neuheiden:
Menschen, die alte vorchristliche Religions- und Glaubensvorstellungen, sowie deren Mythen rekonstruieren und diese in moderner, zeitgemäßer Form wieder praktizieren. Auch schon in Woltersdorf beobachtet.

Senke:
In diesem Zusammenhang als deutlich erkennbare, metertiefe Bodenvertiefung verwendet. In der Region des Barnim (Ostbrandenburg) oft durch langsam abtauende Toteisblöcke der abschmelzenden Eiszeitgletscher entstanden.

Steinsetzung:
In vielen Teilen der Welt bekannte und auch noch vorhandene, teils sehr alte, Aufstellung von mehr oder weniger, bis gar nicht bearbeitetem Felsgestein in Formationen zu unterschiedlichster, teils unbekannter früherer Nutzung.

Toteisblock:
Große überwiegend aus Gletschereis bestehende Blöcke, die vom Hauptgletscher durch Gletschergeschiebe getrennt verschüttet wurden und langsam abtauen. Dabei entsteht durch den Masseverlust des darin abtauenden Wassereises eine Senke über und um den Toteisblock im restlichen nicht mehr vereisten Geschiebe. Oft füllt sich die Senke mit

Wasser zu einem abflusslosen Pfuhl (Gewässer) oder verlandet dann allmählich.

Zeitzeuge:
Menschen, die zu ihren Lebzeiten bestimmte Ereignisse oder Zeiträume selbst miterlebt haben und diese beschreiben können. Für dieses Buch konnten noch Zeitzeugen befragt werden, deren Erinnerung teilweise noch bis knapp in die Vorkriegszeit vor dem 2. Weltkrieg zurückreicht.
(Also hier bis vor 1939).

Nachtrag Januar 2021:

Als ich im Januar 2021 mit meinem Freund und Kollegen P.Uthleb und unseren Frauen die Stelle besuchte, waren offensichtlich zuvor bei Waldarbeiten gerade schwere Arbeitsraupen durch diesen Bereich gefahren. Die Raupenspuren waren noch gut im Schnee und dem aufgewühlten Boden erkennbar. In der Senke waren Äste der gefällten Bäume in einem riesigen Haufen abgelagert worden. Der Näpfchenstein war gar nicht mehr erkennbar. Ein Teil der Steine war noch zu sehen. Bleibt die Hoffnung, dass der ursprüngliche Zustand wiederhergestellt wird und die Holzreste entfernt werden oder verrotten. Bedauerlich, denn die Forstverwaltung hatte das Manuskript dieses Buches vorab rechtzeitig zugeschickt bekommen. Das hätte nicht passieren müssen, nicht mal versehentlich!

Copyright © 2021 Volker Meyer

3.Auflage 2021

Dieses Werk ist urheberrechtlich geschützt, Vervielfältigung, Kopie, Wiedergabe, auch elektronisch und auszugsweise ist nur mit Genehmigung gestattet.

Coverbild: Ein vermeintlicher, eventueller Schalenstein/Näpfchenstein aus der Steinformation.

Großteil der Bilder und Buchcovergestaltung unter Mitarbeit und mit freundlicher Genehmigung von Meike Meyer, Potsdam/Rüdersdorf bei Berlin 2020/2021.

Sowie 7 Bilder mit freundlicher Genehmigung von Rudolf Färber, Bottrop.